## TESTUJ SWÓJ POLSKI
**TEST YOUR POLISH**

# GRAMATYKA 1

Renata Szpigiel

**Prolog**
PUBLISHING

Redaktor prowadzący serię TESTUJ SWÓJ POLSKI: Mariusz Siara

Redakcja merytoryczna i językowa:
Ewa Kołaczek, Justyna Krztoń, Joel Paisley, Magdalena Sokołowska, Agata Stępnik-Siara

Tłumaczenie:
Joanna Dziubińska, Agnieszka Szyjka

Rysunki: Ksenia Berezowska

Projekt okładki: Paweł Gąsienica-Marcinowski

Projekt graficzny: Studio Quadro

Skład: Pracownia Słowa

Autorki oraz Wydawca serii TESTUJ SWÓJ POLSKI pragną podziękować wszystkim, którzy przyczynili się do powstania serii, w szczególności Barbarze Owsiak.

Copyright © by PROLOG Szkoła Języków Obcych, Kraków 2015

Wydanie II
ISBN 978-83-60229-86-6
Druk: Know How

PROLOG Szkoła Języków Obcych
ul. Bronowicka 37, 30-084 Kraków
tel./faks +48 12 638 45 50, tel. +48 12 638 45 65
e-mail: books@prolog.edu.pl
www.prolog.edu.pl
online shop: www.prologpublishing.com

# Spis treści

1. Co można robić w weekend? — 5
2. Lubię barszcz, szukam łyżki — 6
3. Jak się czujesz? — 7
4. Moja rodzina — 8
5. Szymek studiuje, a Ola pracuje — 10
6. Dwanaście czy dwadzieścia? — 11
7. Zawody — 12
8. Nie jest najgorzej! — 13
9. Jedziemy do Hiszpanii czy na Węgry? — 14
10. Proszę całym zdaniem! (1) — 16
11. Znasz tę dziewczynę? — 17
12. Która godzina? (1) — 18
13. Proszę 10 jajek! — 20
14. Wszystko dobrze! — 22
15. Czy lubisz jeździć na nartach? — 23
16. Jedzenie — 24
17. Proszę całym zdaniem! (2) — 25
18. Nie ma ulgowych biletów — 26
19. Rozumiesz? — 27
20. Dobra? Dobrze? — 28
21. Lubisz piwo? Nie lubię piwa! — 29
22. Która forma jest dobra? — 30
23. Dwa złote czy sześć złotych? — 31
24. Co, gdzie, kiedy, dlaczego? — 32
25. Mam nową komórkę! — 34
26. Pracujesz czy studiujesz? — 35
27. Wszystko w porządku? — 36
28. Niech mi pan powie, gdzie jest dworzec! — 37
29. Obudziłam się o piątej — 38
30. Pozdrawiamy z Zakopanego! — 40
31. Kiedy masz urodziny? — 41
32. Kto jest szybszy? Co jest szybsze? — 42
33. Warszawę? Warszawy? — 43
34. Zjedz śniadanie, nie jedz kolacji! — 44
35. Gdzie byłeś? Co robiłeś? — 46
36. Kto, kogo, kim? — 47
37. Może w góry albo na Majorkę? — 48
38. W pracy — 50
39. Dzwonić czy zadzwonić? — 51
40. Ona myśli, że jestem milionerem — 52
41. Podoba mi się twoja sukienka — 53
42. Idziemy na obiad? — 54
43. Nie czekaj na mnie! — 55
44. Dziwna rodzina Adamskich — 56
45. Jaka forma jest dobra? — 58
46. O co chodzi? — 60
47. Oni mieszkają w Gdańsku — 61
48. Mieszkanie za mieszkanie — 62
49. Najweselsza dziewczynka w klasie — 63
50. Masz czas? Nie mam! — 64
51. Lubię lody, nie lubię paluszków — 66
52. Serdeczne pozdrowienia z Alp! — 67
53. Dzisiaj wrócę późno! — 68
54. Chodźmy nad rzekę! — 69
55. Jaka dziś pogoda? — 70
56. Czy mógłby mi pan pomóc? — 72
57. W kawiarni — 73
58. Czy umiesz grać w pokera? — 74
59. Brać czy wziąć? — 75
60. Urlop — 76
61. Lecisz do Berlina? — 78
62. Idziesz z nami? Idę! — 80
63. Zawsze może być gorzej ;-) — 82
64. Ubrania — 83
65. Lubię jogurt, nie lubię mleka — 84
66. Za kanapą w rogu — 85
67. Jesteś chory? — 86
68. Nasz kot leży na stole — 87
69. Która godzina? (2) — 88
70. Gdzie są moje okulary? — 89
    Słowniczek — 90
    Klucz — 111
    Test końcowy — 121

Seria *TESTUJ SWÓJ POLSKI* przeznaczona jest dla wszystkich, którzy chcą dobrze mówić po polsku, a jednocześnie lubią łączyć naukę języka z zabawą.

Nauka gramatyki z książką *TESTUJ SWÓJ POLSKI – GRAMATYKA 1* zapewnia uczącemu się kompleksowe powtórzenie i automatyzację zagadnień gramatycznych z poziomów A1-A2 (wg CEFR). Bogato i dowcipnie ilustrowane ćwiczenia motywują do nauki. Uczący się zachowuje maksymalną autonomię w wyborze wykonywanych ćwiczeń, ponieważ są niezależne od siebie i mogą być wykonywane w dowolnej kolejności. Zamieszczony na końcu test jest dodatkową możliwością sprawdzenia zdobytej wiedzy gramatycznej.

Zbiór ćwiczeń *TESTUJ SWÓJ POLSKI – GRAMATYKA 1* można wykorzystać do samodzielnej nauki oraz jako materiał pomocniczy do zajęć w grupie. Samodzielną pracę ułatwia zamieszczony słowniczek polsko-angielski i polsko-niemiecki oraz klucz.

Sukcesów w nauce gramatyki na wesoło
życzy Autorka i Wydawnictwo


The series *TESTUJ SWÓJ POLSKI* (*TEST YOUR POLISH*) has been written for learners who wish to improve their Polish through using fun and engaging learning techniques.

Learning grammar from the book *TESTUJ SWÓJ POLSKI – GRAMATYKA 1* (*TEST YOUR POLISH – GRAMMAR 1*) provides the learner with thorough revision and consolidation of grammar issues from level A1-A2 (according to CEFR). The richly and wittily illustrated exercises motivate you to study. The exercises can be done independently of each other in any order, so the learner has complete freedom when choosing which ones to do. Additionally, the test at the end of the book enables you to check the grammar knowledge you have acquired. To make the book friendly to the self-study learner, an answer key and Polish-English and Polish-German dictionaries are included. The exercises from *TESTUJ SWÓJ POLSKI – GRAMATYKA 1* can also be used effectively for groups of Polish language learners.

We wish you fun and success in learning Polish!
Author and Publisher

# 1 Co można robić w weekend?

spelling

**Fill the gaps in the verbs with the correct letters.**

W weekend można…

1. ogl ą da ć telewizję
2. sp ☐ ątać mieszkanie 
3. rano długo spa ☐ 
4. spot ☐ kać się ze znajomymi 
5. je ☐ dzić na rowerze 
6. zwie ☐ ać muzeum 
7. spacerowa ☐ po parku 
8. ☐ ytać gazety 
9. s ☐ u ☐ ać muzyki 
10. odw ☐ dzać rodzinę 
11. ☐ pra ☐ ać sport

# 2 Lubię barszcz, szukam łyżki

declension of singular and plural adjectives and nouns

**Choose the correct answer.**

1. Z kim jedziesz na urlop?
   a. Z dobrą koleżanką.  b. Do dobrej koleżanki.  c. Od dobrej koleżanki.

2. Czym się interesujecie?
   a. Muzyką klasyczną.  b. Dla muzyki klasycznej.  c. O muzyce klasycznej.

3. Kim oni są?
   a. Nowi studenci z Niemiec.  b. Nowymi studentami z Niemiec.  c. Nowego studenta z Niemiec.

4. Kogo pan szuka?
   a. Inżynierze Nowaku.  b. Inżynierem Nowakiem.  c. Inżyniera Nowaka.

5. Czego nie rozumiesz?
   a. Polska gramatyka.  b. Polską gramatyką.  c. Polskiej gramatyki.

6. Komu pożyczyłeś tę książkę?
   a. Dobrych znajomych.  b. Dobrzy znajomi.  c. Dobrym znajomym.

7. Kogo lubisz czytać?
   a. Pisarzy angielskich.  b. Pisarze angielscy.  c. Pisarzami angielskimi.

8. Co jadłeś dzisiaj na obiad?
   a. Barszczu czerwonego.  b. Barszcz czerwony.  c. Barszczu czerwonym.

9. Z czym ma być ta pizza?
   a. Czarnymi oliwkami.  b. Z czarnych oliwek.  c. Z czarnymi oliwkami.

10. O czym pani myśli?
    a. O długim weekendzie.  b. O długi weekend.  c. Długim weekendem.

11. O kim rozmawialiście na imprezie?
    a. Z nowym szefem.  b. Nowym szefem.  c. O nowym szefie.

12. Co cię boli?
    a. Prawą nogę.  b. Prawej nogi.  c. Prawa noga.

# 3 Jak się czujesz?

*spelling*

**A** Complete the words in the sentences below with the missing vowels.

1. Czy tw **ó** j kolega jest N **i e** mcem?
2. Tomek jest Polak___m.
3. Cz___ jesteś Polk___ cz___ Niemk___?
4. Znam świetnie j___zyk niem___cki i ang___lski.
5. M___j w___jek ma na imi___ Andrzej.
6. On jest uczn___em.
7. Jak si___ cz___jesz?
8. Kt___ra g___dzina?
9. T___n n___ uczyciel jest sympat___czn___.
10. Cz___sto spotykam___ s___ę w w___kend.
11. [ja] Lubi___ niedzielę.
12. Jest pi___ć po sz___stej.

**B** Complete the words in the sentences below with the missing consonants.

1. Co s **ł** ycha **ć** ?
2. ___iękuję, w___ystko w po___ądku.
3. Cze___, na ra___ie!
4. Moja kole___anka jest ___ora, ma grypę.
5. Masz o___otę na ___erbatę z ___ytryną?
6. Ile ko___tuje ten ___leb?
7. Je___dżę do pracy samo___odem.
8. Co jemy dzi___iaj na ___niadanie?
9. On mie___ka w Niem___ech.
10. G___ie jeste___cie?
11. Czy zna___ War___awę?
12. Znamy się bar___o dob___e.

> **Did you know?**
> In Polish there are 9 vowels: *a, ą, e, ę, i, o, ó, u* and *y*.
> In Polish there are 23 consonants: *b, c, ć, d, f, g, h, j, k, l, ł, m, n, ń, p, r, s, ś, t, w, z, ź* and *ż*.

# 4 Moja rodzina

the endings of adjectives and pronouns
*mój, moja, moje* in the Nominative singular

**A** Fill in the appropriate endings.

Poznajcie moją rodzinę. To jest…

1. mał *e* dziecko mojej kuzynki
2. moj___ eleganck___ mama
3. mój wysportowan___ tata
4. mój starsz___ brat
5. moj___ młodsz___ siostra
6. mój niesympatyczn___ kuzyn w okularach
7. moj___ sympatyczn___ kuzynka z długimi włosami
8. mój wesoł___ dziadek
9. moj___ ukochan___ babcia
10. mój grub___ wujek Stefan
11. moj___ chud___ ciocia Irenka

**B** Using the information from exercise A, find the family members in the photograph.

| a | b | c | d | e | f | g | h | i | j | k |
|---|---|---|---|---|---|---|---|---|---|---|
| 5 |   | 11 |   |   |   |   |   |   | 2 |   |

> **Did you know?**
> Possessive pronouns *mój*, *moja*, *moje*, *twój*, *twoja*, *twoje*, *nasz*, *nasza*, *nasze*, *wasz*, *wasza*, *wasze* decline the same way as adjectives, while the pronouns *jego*, *jej*, *ich* do not decline.

GRAMATYKA 1

# 5 Szymek studiuje, a Ola pracuje

conjugation of verbs in the present tense

**Complete the sentences with the appropriate form of the verb in the present tense.**

### A

Szymek _jest_ być[1] studentem i _____ mieszkać[2] we Wrocławiu. On _____ studiować[3] filologię angielską i turystykę. Szymek _____ _____ uczyć się[4] też hiszpańskiego i niemieckiego. Bardzo go _____ interesować[5] inne kraje i języki. Szymek dużo _____ podróżować[6], _____ zwiedzać[7] ciekawe miejsca i _____ robić[8] mnóstwo zdjęć. Jego zdjęcia ludzie _____ móc[9] czasami zobaczyć w różnych gazetach. Szymek _____ _____ zajmować się[10] też literaturą współczesną i _____ tłumaczyć[11] autorów angielskich i amerykańskich na język polski.

### B

Ola _wstaje_ wstawać[1] codziennie o siódmej rano. Najpierw _____ brać[2] prysznic i _____ _____ ubierać się[3], a potem _____ przygotowywać[4] śniadanie. Na śniadanie zawsze _____ pić[5] kawę z mlekiem i _____ jeść[6] tosty z dżemem albo z miodem. Rano _____ siadać[7] też do komputera i _____ czytać[8] e-maile. Potem _____ jechać[9] do pracy tramwajem albo autobusem. Pracę w sklepie _____ zaczynać[10] o dziewiątej i pracuje do osiemnastej. W południe _____ mieć[11] godzinną przerwę obiadową. Po pracy _____ wracać[12] do domu, _____ robić[13] kolację i _____ oglądać[14] telewizję. Około 24.00 _____ iść[15] spać.

# 6 Dwanaście czy dwadzieścia?

cardinal numbers

**A** Write the appropriate missing numbers.

11 – 12 – 13 – 14 – 15 – 16 – 17 – 18 – 19

jedenaście, _dwanaście_, _____, czternaście,

_____, _____, siedemnaście, osiemnaście,

_____

10 – 20 – 30 – 40 – 50 – 60 – 70 – 80 – 90

dziesięć, _____, _____, czterdzieści,

_____, sześćdziesiąt, siedemdziesiąt, _____,

_____

100 – 200 – 300 – 400 – 500 – 600 – 700 – 800 – 900 – 1000

sto, _____, _____, czterysta,

_____, _____, siedemset, _____,

_____, tysiąc

**B** Write the missing parts of the following numbers.

1. 12 – dwa _naście_
2. 16 – szes_____
3. 19 – dziewięt_____
4. 101 – st_____ _____
5. 58 – pięć_____ _____
6. 26 – dwa_____ _____
7. 63 – sześć_____ _____
8. 1001 – tysi_____ _____
9. 650 – sześć_____ _____
10. 113 – st_____ _____
11. 99 – dziewięć_____ _____
12. 915 – dziewięć_____ _____
13. 334 – trzy_____ _____ _____
14. 275 – dwie_____ _____ _____
15. 1848 – tysi_____ _____ _____ _____

# 7 Zawody

**declension of nouns**

Try to guess the words and then put them into the crossword in the right grammatical form. What's the mystery word?

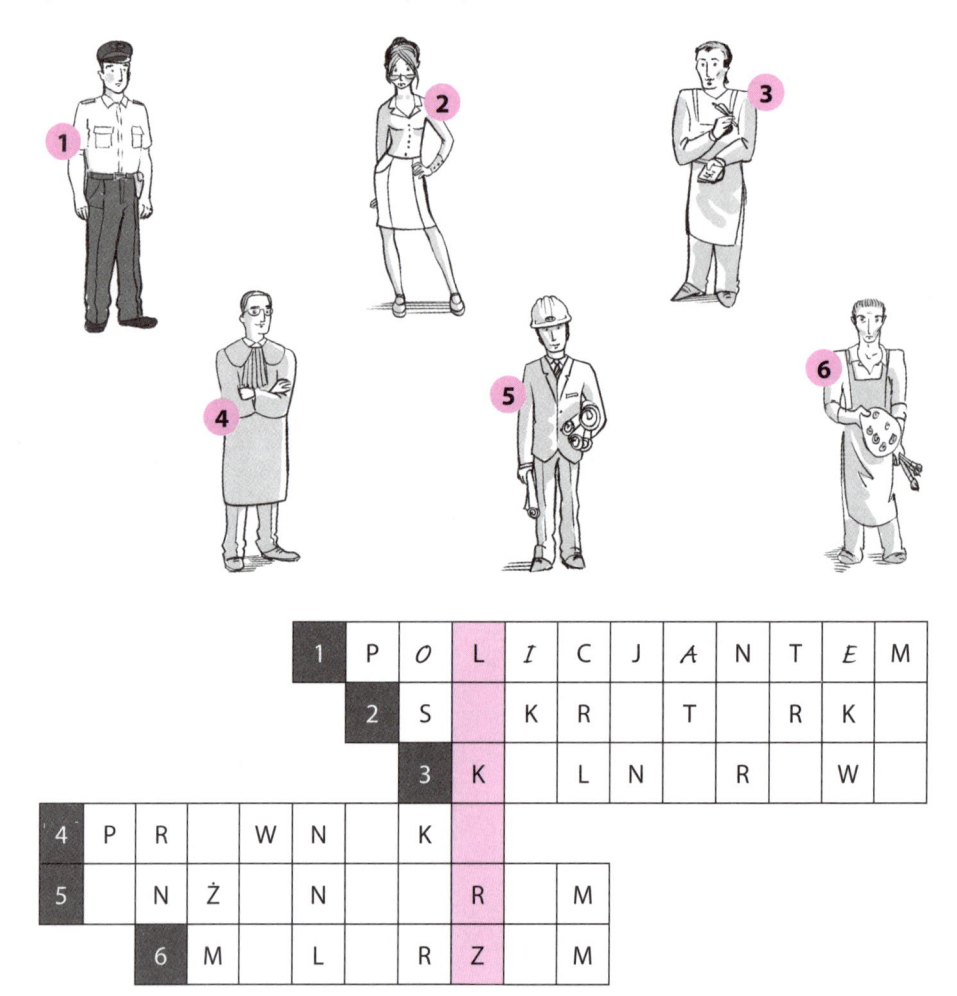

|   | 1 | P | O | L | I | C | J | A | N | T | E | M |
|---|---|---|---|---|---|---|---|---|---|---|---|---|
|   |   | 2 | S |   | K | R |   | T |   | R | K |   |
|   |   |   | 3 | K |   | L | N |   | R |   | W |   |
| 4 | P | R |   | W | N |   | K |   |   |   |   |   |
| 5 |   | N | Ż |   | N |   | R |   | M |   |   |   |
|   | 6 | M |   | L |   | R | Z |   | M |   |   |   |

1. Jego ojciec jest ___policjantem___ w policji kryminalnej.
2. Nasza firma szuka _____ ze znajomością języka francuskiego.
3. W Polsce _____ w kawiarni daje się napiwek.
4. Musisz iść do _____ albo kogoś, kto zna prawo.
5. Mój mały syn chce zostać _____ i budować drogi i mosty.
6. Picasso jest bardzo znanym _____ .

12   GRAMATYKA 1

# 8 Nie jest najgorzej!

*superlative adverbs*

**Complete the sentences with the superlative form of the adverb.**

1. Jakie owoce lubisz _____*najbardziej*_____ ? bardzo
2. _____ poszłabym do domu, zamiast na zebranie! chętnie
3. On zna kilka języków, ale _____ mówi po angielsku. dobrze
4. _____ mieszkaliśmy w Katowicach, tylko kilka miesięcy. krótko
5. Wiatr wiał _____ nad rzeką. silnie
6. _____ możemy się skontaktować przez e-mail. szybko
7. Kaśka zdała tak dobrze ten egzamin, a uczyła się _____ z nas wszystkich! mało
8. Z czym miałeś _____ problemów? dużo
9. Całe wakacje były udane, ale _____ było w górach! fajnie
10. Edyta ma _____ z nas do pracy. Musi jechać prawie godzinę! daleko
11. Nie wiesz, gdzie można _____ kupić komputer? tanio
12. Moja sąsiadka jest zawsze ubrana _____ ze wszystkich kobiet w naszym w bloku. elegancko

> **Did you know?**
> There are a couple of adverbs whose superlative (and also comparative) form is created in an irregular or descriptive way, e.g.
>
> dobrze – najlepiej
> źle – najgorzej
> mało – najmniej
> dużo – najwięcej
>
> interesująco – najbardziej / najmniej interesująco
> elegancko – najbardziej / najmniej elegancko
>
> **See also:** the grammar box in exercise 63

# 9 | Jedziemy do Hiszpanii czy na Węgry?

declension of country names after the prepositions *do*, *na*, *w*

**Create the appropriate form of the noun.**

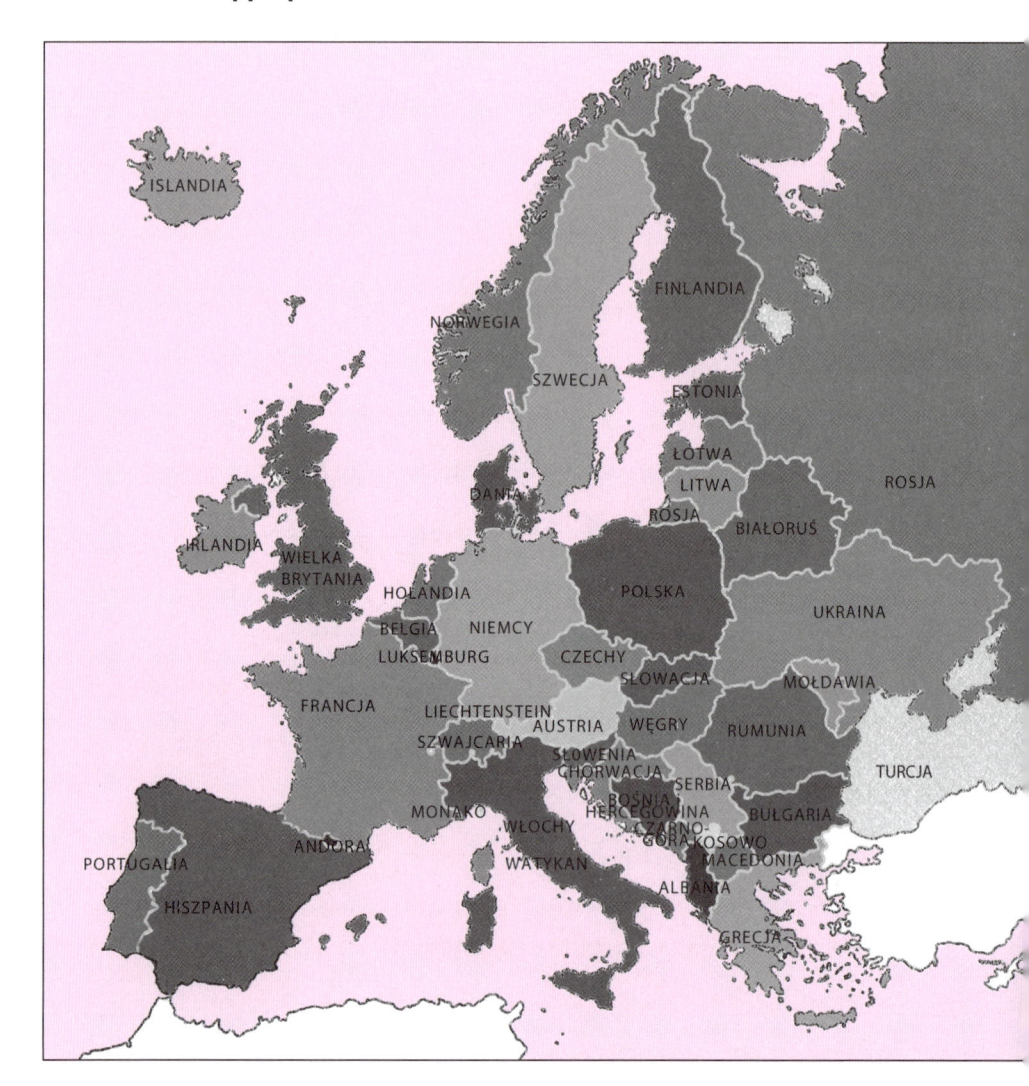

ISLANDIA
NORWEGIA
FINLANDIA
SZWECJA
ESTONIA
ŁOTWA
LITWA
ROSJA
DANIA
ROSJA
BIAŁORUŚ
IRLANDIA
WIELKA BRYTANIA
HOLANDIA
POLSKA
UKRAINA
BELGIA
NIEMCY
LUKSEMBURG
CZECHY
SŁOWACJA
MOŁDAWIA
FRANCJA
LIECHTENSTEIN
AUSTRIA
WĘGRY
RUMUNIA
SZWAJCARIA
SŁOWENIA
CHORWACJA
SERBIA
TURCJA
MONAKO
BOŚNIA I HERCEGOWINA
BUŁGARIA
ANDORA
WŁOCHY
CZARNOGÓRA
KOSOWO
PORTUGALIA
WATYKAN
MACEDONIA
ALBANIA
HISZPANIA
GRECJA

> **Did you know?**
> The country name **Monako** doesn't decline in Polish.*
> Some country names, such as **Czechy**, **Niemcy**, **Węgry**, **Włochy** only have a plural form.
> In the case of some countries we say: *jechać na* + ACC.**

| | PAŃSTWA | JADĘ < DO... + GEN / NA... + ACC | JESTEM < W... + LOC / NA... + LOC |
|---|---|---|---|
| 1 | Albania | do *Albanii* | w *Albanii* |
| 2 | Andora | do | w |
| 3 | Austria | do | w |
| 4 | Belgia | do | w |
| 5 | Bośnia i Hercegowina | do | w |
| 6 | Bułgaria | do | w |
| 7 | Chorwacja | do | w |
| 8 | Czarnogóra | do | w |
| 9 | Czechy (pl) | do | w |
| 10 | Dania | do | w |
| 11 | Estonia | do | w |
| 12 | Finlandia | do | w |
| 13 | Francja | do | we |
| 14 | Grecja | do | w |
| 15 | Hiszpania | do | w |
| 16 | Holandia | do | w |
| 17 | Irlandia | do | w |
| 18 | Liechtenstein | do | w |
| 19 | Luksemburg | do | w |
| 20 | Macedonia | do | w |
| 21 | Mołdawia | do | w |
| 22 | Monako* | do | w |
| 23 | Niemcy (pl) | do | w |
| 24 | Norwegia | do | w |
| 25 | Polska | do | w |
| 26 | Portugalia | do | w |
| 27 | Rosja | do | w |
| 28 | Rumunia | do | w |
| 29 | Serbia | do | w |
| 30 | Słowenia | do | w |
| 31 | Szwajcaria | do | w |
| 32 | Szwecja | do | w |
| 33 | Turcja | do | w |
| 34 | Wielka Brytania | do *Wielkiej* | w *Wielkiej* |
| 35 | Włochy (pl) | do | we |
| 36 | Białoruś** | na *Białoruś* | na *Białorusi* |
| 37 | Litwa** | na | na |
| 38 | Łotwa** | na | na |
| 39 | Słowacja** | na | na |
| 40 | Ukraina** | na | na |
| 41 | Węgry** (pl) | na | na |

# 10 Proszę całym zdaniem! (1)
conjugation and declension in the present tense

**Use the prompts below to make grammatically correct sentences in the present tense.**

1. ~~co~~, studiować, ten chłopak — Co _studiuje ten chłopak_ ?
2. ~~co~~, robić<sup>wy</sup>, dzisiaj, w, szkoła — Co _____?
3. ~~nie~~, znać<sup>ja</sup>, angielski — Nie _____.
4. ~~Kasia~~, pomagać, mama, sprzątać — Kasia _____.
5. ~~czy, lubić~~, pan, kawa, z, mleko — Czy lubi _____?
6. ~~z~~, kto, rozmawiać<sup>ty</sup> — Z _____?
7. ~~Ania~~, spacerować, z, pies — Ania _____.
8. ~~rodzice~~, jechać, na, urlop, samochód
    Rodzice _____.
9. ~~Piotrek~~, chorować, na, grypa — Piotrek _____.
10. ~~kto~~, chcieć<sup>ty</sup>, zaprosić, na, impreza
    Kogo _____?
11. ~~on~~, być, lekarz, i, pracować, w, szpital
    On _____.
12. ~~Ewa i Ania~~, oglądać, w, telewizja, ciekawy, film
    Ewa i Ania _____.
13. ~~powiedzieć~~<sup>ty</sup>, co, nie, rozumieć<sup>ty</sup>
    Powiedz, _____!
14. ~~mój, brat~~, mieć, duży pies — Mój brat _____.
15. ~~lubić~~<sup>ja</sup>, pisać, pióro — Lubię _____.
16. ~~czy, jechać~~<sup>ty</sup>, dziś, do, praca, autobus, czy, rower
    Czy jedziesz _____?
17. ~~prosić~~<sup>ja</sup>, butelka, mleko, i, 15 dag, żółty, ser
    Proszę _____.
18. ~~ona~~, nie, móc, pić, czerwone wino — Ona _____.
19. ~~powiedzieć~~<sup>wy</sup>, co, się, interesować<sup>wy</sup>
    Powiedzcie, _____!
20. ~~czy, wiedzieć~~<sup>ty</sup>, co, być, dzisiaj, na, obiad
    Czy wiesz, _____?

# 11 Znasz tę dziewczynę?

the accusative singular of demonstrative pronouns and nouns

**Put the highlighted expressions into the accusative singular.**

1. Lubię _tego profesora_ ten profesor.
2. Ona kocha _____ ten aktor.
3. Proszę przeczytać _____ ten tekst.
4. Wszyscy lubią _____ ten polityk.
5. Poproszę _____ to ciastko.
6. On dobrze zna _____ ta nauczycielka.
7. Proszę zabrać _____ ten pies! Jest agresywny.
8. Codziennie spotykamy _____ ten sąsiad.
9. Czy pani zna _____ ta dziewczyna?
10. Czy lubicie _____ to kino?
11. Bardzo lubię _____ ten program.
12. Czy państwo dobrze znają _____ to miasto?
13. Czy pan widzi _____ ta kobieta? To moja sąsiadka.
14. Mam _____ ten kot od tygodnia.

---

**! Did you know?**

The demonstrative pronouns *ten, ta, to* decline the same way as adjectives.

| | | | |
|---|---|---|---|
| NOM | ten | ta | to |
| GEN | tego | tej | tego |
| DAT | temu | tej | temu |
| ACC | ten / tego | tę (!) | to |
| INSTR | tym | tą | tym |
| LOC | tym | tej | tym |

The form *tę* is often substituted with the form *tą* in spoken Polish.

In the accusative the form *ten* is used with masculine inanimate nouns, whereas the form *tego* with masculine animate ones.
Compare:
Kupujemy ten komputer. – Kupujemy tego psa.

# 12 | Która godzina? (1)

declension of cardinal and ordinal numbers

**Underline the time indicated by each clock.**

**1** a. szesnasta piętnaście
b. za kwadrans czwarta

**2** a. za dziesięć siódma
b. dziesięć po siódmej

**3** a. wpół do dwunastej
b. wpół do jedenastej

**4** a. za pięć jedenasta
b. dwudziesta trzecia pięćdziesiąt pięć

**5**  a. za kwadrans dziesiąta
b. za piętnaście dziewiąta

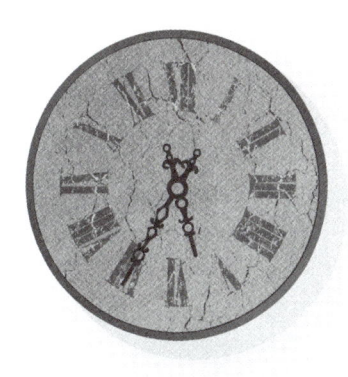

**6**  a. siedemnasta czterdzieści pięć
b. pięć po wpół do szóstej

**7**  a. za pięć wpół do siódmej
b. pięć po wpół do siódmej

**8**  a. jest południe
b. jest północ

**9**  a. dziesięć po ósmej
b. za dziesięć dziewiąta

**10**  a. dziewiąta
b. siódma wieczorem

# 13 Proszę 10 jajek!

*expressing quantity with the singular and plural nominative and genitive*

**Put the highlighted expressions into the appropriate grammatical form.**

## Zakupy rodziny Kowalskich

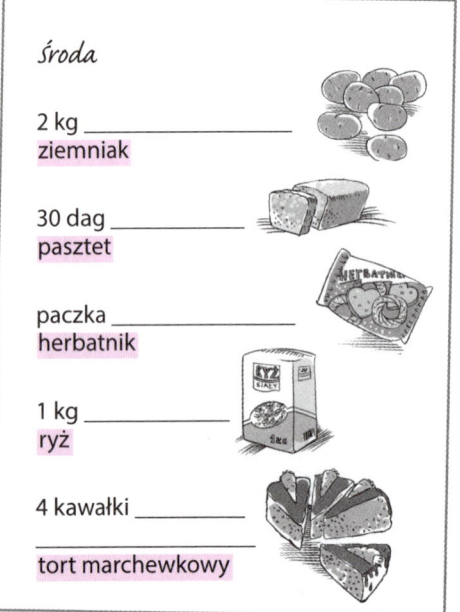

### Poniedziałek

1 kg __cytryn__
cytryna

25 dag _____
_____
żółty ser

paczka _____
kawa

6 butelek _____
_____
piwo bezalkoholowe

### Wtorek

1 kg _____
pomidor

20 dag _____
wędlina

2 (dwie) paczki _____
_____ zielona herbata

puszka _____
ananas

duże opakowanie
_____ chips

### Środa

2 kg _____
ziemniak

30 dag _____
pasztet

paczka _____
herbatnik

1 kg _____
ryż

4 kawałki _____
_____
tort marchewkowy

### Czwartek

pół kilo _____
cukier

karton _____
_____
sok pomarańczowy

10 _____
jajko

kawałek _____
ciasto z owocami

*Piątek*

1 kg _____
mąka

2 kartony _____
chude mleko

4 _____
bułka

3 _____
banan

pół _____
melon

---

*Weekend*

pół kilo _____
sól

słoik _____
_____
dżem truskawkowy

3 _____
rogalik

2 (dwie) butelki
_____
białe wino

ćwierć kilo _____
szynka

2 słoiki _____
miód

skrzynka _____
piwo

butelka _____
_____
woda mineralna

pół kilo _____
mięso

ćwierć kilo _____
_____
kiełbasa krakowska

3 kubki _____
_____
jogurt naturalny

2 (dwie) butelki _____
_____
czerwone wino

paczka _____
_____
słony paluszek

---

### ! Did you know?

After expressions of quantity, e.g. **kilo**, **kawałek**, **trochę**, **dużo**, the object automatically takes the genitive. It can be either the genitive plural or genitive singular, depending on the nature of the product: if it is an uncountable or abstract noun – singular, if it is a countable noun – plural. Compare:
*trochę sera, cukru, czasu – trochę cytryn, pomidorów*

In Poland you buy ham, cheese, etc. in decagrams (dag – deka, 1 decagram = 10 grams) and not in grams. In a shop we say: *„Proszę 15 deka szynki i 25 deka (ćwierć kilo) sera."*
After the numbers **2** (also **22**, **32**, …), **3** (also **23**, **33**, …), **4** (also **24**, **34**, …) the object takes the nominative plural, and after the numbers from 5 on it takes the genitive plural.
Compare:
**dwa**, **trzy**, **cztery** soki, kartony, lata (NOM) – pięć, sześć… soków, kartonów, lat (GEN)
**dwie**, **trzy**, **cztery** butelki, paczki, dziewczyny (NOM) – pięć, sześć… butelek, paczek, dziewczyn (GEN)
**dwaj**, **trzej**, **czterej** mężczyźni, studenci, bracia (NOM) – **pięciu**, **sześciu**… mężczyzn, studentów, braci (GEN)

# 14 Wszystko dobrze!

adjectives and adverbs

**Choose the correct answer.**

1. Co słychać?
   a. <u>Nic nowego.</u>   b. Niczego nowego   c. Niczym nowym.

2. Co ci jest?
   a. Jest niedobry.   b. Jest niedobre.   c. Jest mi niedobrze.

3. Jak się czujesz?
   a. Dobrze, dziękuję!   b. Dobra, dziękuję.   c. Dobre, dziękuję.

4. Jest ci niedobrze?
   a. Tak, źle się czuję.   b. Tak. Czuję się zły.   c. Tak, nieźle się czuję.

5. Jak się masz?
   a. Dziękuję, dobre.   b. Dziękuję, dobrze.   c. Dziękuję, dobrego.

6. Wszystko w porządku?
   a. Tak, wszystko jest dobre.   b. Tak, wszystko dobrze.   c. Tak, nic dobrego.

Uwaga, zły pies!

Źle się czuję.

# 15 Czy lubisz jeździć na nartach?

verbs of movement in the present and past tense

### A Complete each sentence with the appropriate verb from the box in the present tense.

> chodzić    chodzić    iść    iść    jechać    jechać
> jeździć    ~~jeździć~~    jeździć    latać    lecieć

1. Lubię __jeździć__ na rowerze.
2. Mamo, czy _____ dzisiaj do pracy na piechotę?
3. Aniu, czy zawsze _____ na urlop samochodem?
4. Ona boi się _____ samolotem.
5. W niedzielę _____ do Berlina i lądujemy o 12.00.
6. Czy lubi pan _____ do teatru?
7. Muszę nauczyć się _____ na nartach.
8. Mój syn jest mały i nie _____ jeszcze do szkoły.
9. Pawle, dokąd / gdzie _____ na weekend?
10. Kończymy pracę! Zaraz _____ na autobus
    i _____ do domu.

### B Complete each sentence with the appropriate verb from the box in the past tense.

> chodzić    chodzić    chodzić    ~~jeździć~~    jeździć
> jeździć    lecieć    polecieć    pójść    pójść

1. Wczoraj byłam cały dzień za miastem, __jeździłam__ na rowerze.
2. Jurku, _____ zawsze do pracy na piechotę?
3. Babciu i dziadku, czy zawsze _____ na urlop samochodem?
4. Ona nigdy nie _____ samolotem.
5. W zeszły piątek _____ samolotem do Londynu i spędziłyśmy tam miły weekend.
6. Czy często pan _____ do teatru, kiedy mieszkał pan w Paryżu?
7. Moje dzieci _____ w tym roku same na nartach w Alpach.
8. Mój syn _____ przez trzy lata do gimnazjum językowego.
9. Dominiku, dokąd / gdzie _____ po pracy?
10. O siódmej skończyliśmy pracę i _____ do domu.

# 16 Jedzenie

**declension of nouns**

**Fill in the missing words in the correct grammatical form and put them into the crossword. What's the mystery word?**

1. Proszę __*kawę*__ z mlekiem.
2. Wolisz _____ na miękko czy na twardo?
3. Piję kawę bez _____ .
4. Nie lubię czarnej _____ . Zawsze piję tylko zieloną.
5. Kup na śniadanie _____ albo bułki!
6. Chcesz musli z mlekiem czy z _____ ?
7. Czy jest _____ mineralna?

# 17 Proszę całym zdaniem! (2)

conjugation and declension in the present tense

**Answer the questions using the highlighted expressions.**

1. Czym piszesz pracę domową? długopis
   *Piszę pracę domową długopisem.*

2. Z kim ojciec idzie na spacer? z, syn
   ___

3. Kim jest twoja koleżanka? studentka
   ___

4. Co jesz na śniadanie? bułka, z, ser
   ___

5. Czego nie lubisz? mięso, i, zupa jarzynowa
   ___

6. Co studiujesz? filologia angielska
   ___

7. Czym się interesujesz? sport, kino, i, muzyka
   ___

8. Na co masz ochotę? kawa, i, lody czekoladowe
   ___

9. Gdzie mieszkasz? w, Polska, we, Wrocław
   ___

10. Jak się czujesz? boleć, ja, głowa
    ___

11. O czym myślisz? o, praca
    ___

12. Komu pożyczasz pieniądze? mój, brat
    ___

13. Kiedy masz urodziny? w, listopad
    ___

14. Dlaczego nie pojechaliście w weekend do rodziców? bo, musieć, pracować
    ___

15. Ile lat ma wasza córka? kończyć, jutro, 25, lata
    ___

# 18 Nie ma ulgowych biletów

„Nie ma…" + the genitive singular / plural as an answer to the question „Czy jest / są…" + the nominative singular / plural

**Put in the missing singular or plural genitive form.**

1. Czy jest bigos? — Nie, dzisiaj nie ma _bigosu_ .
2. Czy Marek jest w domu? — Nie, _____ nie ma w domu.
3. Czy dzisiaj jest polski? — Nie, dzisiaj nie ma _____ .
4. Czy jest zupa ogórkowa? — Nie, nie ma _____ .
5. Czy jest twoja mama? — Nie, nie ma _____ .
6. Czy są jeszcze ulgowe bilety? — Nie, nie ma już _____ .
7. Czy są ekologiczne jajka? — Nie, nie ma _____ .
8. Czy są tu angielskie gazety? — Nie, u nas nie ma _____ .
9. Czy jest pani Beata? — Nie, nie ma _____ .
10. Czy jest pan dyrektor? — Nie, nie ma _____ .

> **Did you know?**
> The negative answer to the question *Czy jest…* (NOM sg)? *Czy są…* (NOM pl)? is always *Nie ma…* (GEN sg / GEN pl).
>
> Compare:
> **Czy jest** Gazeta Wyborcza? – **Nie ma** Gazety Wyborczej.
> **Czy są** ulgowe bilety? – **Nie ma** ulgowych biletów.

# 19 Rozumiesz?

**conjugation of verbs in the present tense**

**Put the verbs from the box into the correct form of the present tense.**

> ~~być~~   być   być   czytać   mieć   mieć   mieszkać
> rozumieć   wiedzieć   wiedzieć   znać   znać

1. Cześć! _jestem_ Piotr.
2. Nie, ja nie _____, co to znaczy. A ty?
3. Ewa, jak się _____?
4. Przepraszamy, nie _____ po polsku! Proszę powtórzyć!
5. Kim _____ twoja mama?
6. Jak _____ na imię twój kolega?
7. Czy to _____ twój bagaż?
8. Tomku, czy _____ z rodzicami czy sam?
9. Student _____ gazetę.
10. Karol, czy _____ dobrze niemiecki?
11. Marku, czy _____, gdzie mieszka Karol?
12. Nie wiem, skąd _____ tę dziewczynę.

> **Did you know?**
> The verb *być* is irregular – *jestem, jesteś, jest, jesteśmy, jesteście, są*.
>
> Verbs ending in **-ać** (exceptions: e.g. *pisać, brać*) most often belong to one conjugation group, e.g. *mieszkać – mieszkam, mieszkasz, mieszka, mieszkamy, mieszkacie, mieszkają* (type: -m, -sz).
>
> Some verbs ending in **-eć** also belong to this group, e.g. *mieć – mam, masz, ma, mamy, macie, mają* or *rozumieć – rozumiem, rozumiesz, rozumie, rozumiemy, rozumiecie, rozumieją* and *wiedzieć – wiem, wiesz, wie, wiemy, wiecie, wie**dzą***.

# 20 Dobra? Dobrze?

*distinguishing between the adjectival and adverbial forms*

### A  Find the adverb.

1. _mało_ / małą / małe czasu
2. duże / dużego / **dużo** pracy
3. **dobrze** / dobre / dobremu pracujesz
4. zły / złe / **źle** robisz
5. **regularnie** / regularne / regularna ćwicz!
6. miłe / miłym / **miło** mi
7. sympatycznym / sympatyczne / **sympatycznie** nam się rozmawia
8. **profesjonalnie** / profesjonalne / profesjonalnym tańczysz
9. tani / tanie / **tanio** sprzedam
10. **drogo** / drogie / drogiego tu!

### B  Find the adjective.

1. **dobre** / dobrze drożdżówki
2. słonecznie / **słoneczne** mieszkanie
3. **ładne** / ładnie kwiaty
4. miło / **miłe** słowa
5. **złe** / źle oceny
6. **wysokie** / wysoko obcasy
7. dużo / **duże** ambicje
8. **małe** / mało dziecko
9. **szybkie** / szybko samochody
10. wolno / **wolne** pokoje

---

### ! Did you know?

We create adverbs from adjectives by adding the ending **-o** or **-e**.

The ending **-o** is added to adjectives which end in a soft or functionally soft consonant and to the ones which end in *-k, -g, -ch* and *-ący*.

Compare:
tani – tani**o**            szybki – szybk**o**
gorący – gorąc**o**         cichy – cich**o**
drogi – drog**o**           interesujący – interesując**o**

The ending **-e** is added for example to adjectives ending in *-ny, -ły, -liwy*.

Compare:
sympatyczny – sympatyczni**e**        but: mały – mał**o**
doskonały – doskonal**e**
złośliwy – złośliwi**e**

☺ It is sometimes easier to learn the adverb as a new word instead of wondering about the correct ending!

# 21 Lubisz piwo? Nie lubię piwa!

*the accusative and genitive singular or plural*

**Put the nouns into the accusative and genitive singular or plural.**

|    | TO JEST… / TO SĄ… + NOM | LUBIĘ… + ACC | NIE LUBIĘ… + GEN |
|----|-------------------------|--------------|------------------|
| 1  | kawa                    | *kawę*       | *kawy*           |
| 2  | warzywa (pl)            |              |                  |
| 3  | herbata                 |              |                  |
| 4  | wino                    |              |                  |
| 5  | sok                     |              |                  |
| 6  | owoce (pl)              |              |                  |
| 7  | kurczak                 |              |                  |
| 8  | piwo                    |              |                  |
| 9  | słodycze (pl)           |              |                  |
| 10 | woda                    |              |                  |
| 11 | pizza                   |              |                  |
| 12 | coca-cola               |              |                  |
| 13 | makaron                 |              |                  |
| 14 | mięso                   |              |                  |
| 15 | herbatniki (pl)         |              |                  |
| 16 | owoce morza (pl)        |              |                  |
| 17 | banany (pl)             |              |                  |
| 18 | czekolada               |              |                  |
| 19 | tosty (pl)              |              |                  |
| 20 | szpinak                 |              |                  |

**Did you know?**

There are two genitive singular endings in masculine inanimate nouns: the regular one is **-u,** but for some nouns it is **-a**.

The ending **-a** often appears in nouns that are:
- names of cities, e.g. *jadę do Krakowa, Szczecina, Wrocławia, Hamburga, Paryża, Berlina*
- names of fruits, vegetables and flowers, e.g. *nie kupiłem banana, ananasa, pomidora, selera, tulipana, kaktusa*
- names of dances, e.g. *nie umiem tańczyć walca, fokstrota*
- names of currencies, e.g. *brakuje mi jednego franka, dolara, rubla*
- names of car makes and brand names, e.g. *kierowca mercedesa, produkty Adidasa*
- names of months, e.g. *w połowie stycznia / maja / listopada idę na urlop.*
- names of body parts, e.g. *ból brzucha, żołądka*
- names of weights and measures, e.g. *pół kilograma / kilometra*

☺ Therefore it is best to learn the irregular Genitive forms ending in **-a** by heart or just look them up in a dictionary!

# 22 Która forma jest dobra?

*declension of singular nouns*

**Choose the right grammatical form.**

1. On mieszka i pracuje w Polsce, mówi świetnie po polsku, bo jest ..... .
   a. Polakiem    b. Polak    c. Polką

2. Ola jest moją dobrą ..... – długo się znamy i bardzo się lubimy.
   a. koleżanki    b. koleżanką    c. kolegą

3. Kraków leży nad ..... – to najdłuższa polska rzeka.
   a. Wisłę    b. Wisła    c. Wisłą

4. Pociąg z Poznania do stolicy Polski, ..... , jedzie sześć godzin.
   a. Warszawy    b. Warszawie    c. Warszawą

5. Odra to naturalna granica Niemiec z ..... .
   a. Polski    b. Polsce    c. Polską

6. Czy mogę otworzyć ..... ? W tym pociągu jest bardzo gorąco!
   a. oknem    b. okno    c. oknie

7. Nie kupię tego ..... , bo za dużo kosztuje. Jest bardzo drogi!
   a. samochodu    b. samochód    c. samochodem

8. ..... był smaczny i tani – zapłaciłam tylko 15 złotych!
   a. Obiadu    b. Obiedzie    c. Obiad

9. Masz ..... czy siostrę?
   a. brata    b. brat    c. bratu

10. W lipcu byliśmy na ..... .
    a. urlop    b. urlopie    c. urlopem

# 23 | Dwa złote czy sześć złotych?

the nominative and genitive after numbers

**Write the following prices.**

Ceny w naszym sklepie „Mydło i powidło":

1. Ciastka: 12,40 zł — *dwanaście (złotych) czterdzieści (groszy)*
2. Herbata: 4,50 zł
3. Pomarańcze: 14,33 zł / kg
4. Kawa: 22,15 zł
5. Ryba: 53,10 zł / kg
6. Bluzka: 76 zł
7. Batonik: 3,95 zł
8. Czapka: 124,99 zł
9. Perfumy: 289,20 zł
10. Guma do żucia: 1,54 zł
11. Buty: 303 zł
12. Album: 68,20 zł

**Did you know?**
After numbers nouns take the nominative or the genitive plural.

**See also:** the grammar box in exercise 13

# 24 | Co, gdzie, kiedy, dlaczego?

syntax – questions and answers

**A** Create questions about the underlined fragments.

1. Mieszkamy w Polsce.
   *Gdzie mieszkacie?*
2. Moja siostra jest studentką.
3. Nasz ojciec ma 50 lat.
4. Myślę, że pojedziemy na urlop pociągiem.
5. Studenci na kursie polskiego pochodzą z różnych krajów.
6. Spotkaliśmy się w niedzielę.
7. Mój kolega pojechał na urlop do Francji.
8. Nie poszłam wczoraj do pracy, bo się źle czułam.
9. Nasze biuro jest zamknięte od połowy sierpnia.
10. Jedziemy latem do Anglii, żeby poćwiczyć angielski.
11. Sklep jest otwarty od siódmej rano do ósmej wieczorem.
12. Wyjeżdżamy na dwa dni.
13. Idę do sklepu po mleko i bułki.
14. To jest nasz nowy profesor.
15. O, widzę twoją przyjaciółkę. Idzie tu!
16. Mieszkamy z rodzicami.

**B** Create a question for each answer.

1. _Czy ona jest Amerykanką?_
   Tak, ona jest Amerykanką.
2. _____
   Nie, nie mówię po polsku.
3. _____
   Tak, rozumiemy.
4. _____
   Nie, nie mieszkamy w Polsce.
5. _____
   Tak, oni uczyli się polskiego.
6. _____
   Nie, on nie poszedł z nami do kina.
7. _____
   Tak, musisz to zrobić!
8. _____
   Nie, nie chcę kawy.
9. _____
   Tak, mamy ochotę na spacer.
10. _____
    Nie, nie byliśmy nigdy w Polsce.

> **Did you know?**
> There are two kinds of questions: the ones that begin with a question word and the ones that begin with *Czy…* . The questions beginning with a question word need to be answered with a full sentence or its part, whereas the questions beginning with *Czy…* can be answered simply with *Tak* or *Nie*.
> Compare:
> Gdzie pan mieszka? – (Mieszkam) w Poznaniu.
> Czy pan mieszka w Poznaniu? – Tak. / Tak, mieszkam w Poznaniu. Nie. / Nie, nie mieszkam w Poznaniu.
> In spoken language *czy* is often omitted.
> The order of words in a Polish sentence is quite free but *nie* always comes directly before the verb, e.g.
> **Nie mam** ochoty na piwo. **Nie chcemy** jechać nad morze. **Nie mogę** się z tobą spotkać.

# 25 Mam nową komórkę!

*the accusative singular and plural*

## A  Put the highlighted expressions into the accusative singular.

1. W pokoju mam  *dużą szafę* _____ . duża szafa
2. Kupuję w kiosku _____ . dzisiejsza gazeta
3. Jarek kupuje _____ . nowy regał
4. Kupujemy na prezent _____ . ciekawa książka
5. Ania ma _____ . fajne biurko
6. Oni mają _____ . duży ogród
7. Kupujemy _____ . wygodna kanapa
8. Kupuję synowi na urodziny _____ . nowa komórka
9. Pani Ela ma _____ . małe dziecko
10. Czy masz _____ ? polska telewizja

## B  Put the highlighted expressions into the accusative plural.

1. W garderobie mamy  *duże szafy* _____ . duża szafa
2. Kupuję w kiosku _____ . dzisiejsza gazeta
3. Jarek kupuje _____ . nowy regał
4. Kupujemy na prezent _____ . ciekawa książka
5. W firmie mamy _____ . fajne biurko
6. Moi wszyscy znajomi mają _____ . duży ogród
7. Kupujemy _____ . wygodna kanapa
8. Kupuję dzieciom na urodziny _____ . nowa komórka
9. Pani Ela ma _____ . małe dziecko
10. Czy masz _____ ? polski program

# 26 Pracujesz czy studiujesz?

conjugation of verbs in the present tense

**Put the verbs into the correct form of the present tense.**

> drukować    dyktować    gotować    interesować się
> mailować    malować    planować    pokazywać    pracować
> SMS-ować    sprzedawać    ~~studiować~~

1. Mój brat jest studentem i _____studiuje_____ matematykę w Poznaniu.
2. Moi rodzice _____ w biurze.
3. Renato, czy _____ teatrem?
4. Mamo, dzisiaj my _____ na obiad zupę jarzynową.
5. Adam jest malarzem i _____ obrazy.
6. Szef _____ sekretarce list.
7. Nauczyciel _____ na mapie Europy, gdzie leży Polska.
8. Moja mama ma nową komórkę i cały czas _____ .
9. Nasz wujek _____ stary samochód, bo chce kupić nowy.
10. Pani Ewa jest sekretarką i bardzo często _____ z klientami.
11. Basiu i Rafale, kiedy _____ ślub?
12. Co za pech! Drukarka znowu nie _____ .

> **Did you know?**
> Verbs ending in **-ować**, such as *pracować, studiować, mailować, interesować się* belong to one conjugation group, type: *-ę, -esz*. When you conjugate these verbs, the ending *-ować* disappears and is substituted with the suffix **-uj-**, e.g. *studiować – studiuję, studiujesz, studiuje, studiujemy, studiujecie, studiują*; type: *-ę, -esz*.
>
> Verbs ending in **-ywać** also belong to this group, e.g. *pokazywać – pokazuję, pokazujesz, pokazuje, pokazujemy, pokazujecie, pokazują*, as well as the ones ending in **-awać** (but with the suffix **-aj-** instead of **-uj-**, e.g. *sprzedawać – sprzedaję, sprzedajesz, sprzedaje, sprzedajemy, sprzedajecie, sprzedają*).

# 27 Wszystko w porządku?

*spelling*

**Complete the words below with letters from the box.**

| ą | ę | ę | ę | ł | ~~ł~~ | ó | ó | ó | ś | ż | ż | ch |
|---|---|---|---|---|---|---|---|---|---|---|---|---|
| ch | cz | cz | dz | dz | dź | dż | rz | rz | sz | sz | | |

1. weso ł y
2. sz ▢ upły
3. cze ▢ ć
4. kole ▢ anka
5. imi ▢
6. dob ▢ e
7. m ▢ j
8. tw ▢ j
9. dzi ▢ kuję
10. Krak ▢ w
11. Co s ▢ ychać?
12. pa ▢ port
13. p ▢ epraszam
14. baga ▢
15. Do wi ▢ enia!
16. ▢ isiaj
17. sz ▢ ęśliwy
18. War ▢ awa
19. w porz ▢ dku
20. m ▢ żczyzna
21. ▢ ory
22. odpowie ▢
23. ▢ insy
24. tro ▢ ę

---

**!** **Did you know?**
In Polish, as well as single letters, there are pairs of letters which are pronounced together, such as **cz**, **sz**, **rz**, **dz**, **dź**, **dż** and **ch**.

# 28. Niech mi pan powie, gdzie jest dworzec!

*the formal imperative*

**Put the sentences into the formal imperative, using the structure „niech pan / pani + 3rd person singular" or „niech państwo / panie / panowie + 3rd person plural".**

1. Proszę mi powiedzieć, która godzina! **pan**
   – Niech *mi pan powie, która godzina!*

2. Proszę mi pomóc! **pani**
   – Niech _____

3. Proszę usiąść! **państwo**
   – Niech _____

4. Proszę siadać! **pan** (uwaga: potocznie!)
   – Niech _____

5. Proszę wejść! **pani**
   – Niech _____

6. Proszę mi powiedzieć, gdzie to jest! **panie**
   – Niech _____

7. Proszę odpowiedzieć na pytanie! **panowie**
   – Niech _____

8. Proszę tego lepiej nie robić! **pan**
   – Niech _____

9. Proszę zapytać o to dyrektora! **państwo**
   – Niech _____

10. Proszę się o to nie martwić! **pani**
    – Niech _____

11. Proszę się zastanowić! **panie**
    – Niech _____

12. Proszę chwilę poczekać! **pani**
    – Niech _____

# 29 Obudziłam się o piątej

the past tense of regular and irregular verbs

**Complete the sentences with the correct form of the verb in the past tense.**

1. Janek _obudził się_ obudzić się o szóstej.

2. Magda _____ wstać dzisiaj z łóżka lewą nogą.

3. Kasia i Tomek _____ wziąć szybki prysznic.

4. _____ umyć ja zęby.

5. Mariusz _____ pójść do toalety.

6. Na przerwie studenci _____ zjeść kanapki, bo byli głodni.

7. Studentki _____ wypić kawę w barze.

8. Pan Zieliński _____ przeczytać całą gazetę, kiedy czekał trzy godziny na swoją żonę.

9. Pani Zielińska dzisiaj _____ ubrać się elegancko.

**10.** Piotrek _____ czekać pół godziny na autobus.

**11.** Pani Ząbkowska _____ jechać do pracy dwadzieścia minut w strasznym tłoku.

**12.** Ignacy cały wieczór _____ pracować przy komputerze.

**13.** W weekend oni _____ zrobić duże zakupy.

**14.** Po pracy _____ zadzwonić^ja do rodziców.

**15.** W sobotę mój mąż _____ ugotować pyszny obiad.

**16.** Wczoraj wieczorem wszyscy _____ oglądać^oni telewizję.

**17.** Dziś rano znowu _____ biegać^my w parku.

**18.** W piątek Ola i Rysiek _____ spotkać się w pubie ze znajomymi.

**19.** Wojtek był tak zmęczony, że nie _____ rozebrać się przed snem.

**20.** Pan Hilary i pani Ada _____ pójść spać o północy.

# 30 Pozdrawiamy z Zakopanego!

*prepositions*

**Complete the text with the correct prepositions from the box.**

| ~~do~~ | do | na | na | na | pod | w |
|---|---|---|---|---|---|---|
| w | w | w | z | z | za | |

Cześć Mamo!

Wreszcie dojechaliśmy __do__¹ Zakopanego! Podróż to był horror! Staliśmy cały czas _____² korkach, żeby spędzić kilka dni _____³ górach!

Pogoda jest na razie ładna, świeci słońce i jest dość ciepło. Mieszkamy _____⁴ małym pensjonacie _____⁵ fantastycznym widokiem _____⁶ góry.

Jutro znów idziemy _____⁷ góry, potem szybko _____⁸ prysznic i _____⁹ kolację. Może jeszcze pójdziemy _____¹⁰ dyskotekę – zobaczymy!

Serdeczne pozdrowienia _____¹¹ Zakopanego i _____¹² zobaczenia _____¹³ dwa dni!

Ola i Jarek

Sz. P.

Alicja Jankowska

ul. Długa 110/3

80-827 Gdańsk

### Did you know?

Prepositions are always followed by a particular case, or one of two particular cases, e.g.

**See also:** the grammar box in exercise 52

**do** + GEN       Jadę **do** Gdańska.
**w** + LOC or ACC   Jesteśmy **w** Tatrach. Jedziemy **w** Tatry.
**na** + LOC or ACC  Koleżanki są **na** imprezie. Koleżanki idą **na** imprezę.
**z** + INSTR or GEN  Jestem **z** Polski. Mieszkam **z** moim chłopakiem.
**pod** + INSTR or ACC  Pies siedzi **pod** drzewem. Pies wchodzi **pod** stół.
**za** + INSTR or ACC   Ogród jest **za** domem. (expressing location)
                Idę **za** dom. (expressing direction)
                Będę **za** godzinę. (expressing time)

Prepositions are very often a part of different phrases and idiomatic expressions, e.g. *do widzenia* (Good bye), *na razie* (So long), *mieć coś pod ręką* (to have something at hand), *mieć czegoś po uszy* (to be fed up with something), *coś chodzi komuś po głowie* (it is going around in somebody's head) etc.

# 31 Kiedy masz urodziny?

cardinal and ordinal numbers

### A  Tick the following numbers in the table below.

> ~~jedenaście~~   dziewięćdziesiąt osiem   sto   dwadzieścia dwa
> trzynaście   sześćdziesiąt dziewięć   osiemdziesiąt dwa
> czterdzieści pięć   siedemdziesiąt   pięćdziesiąt jeden
> dziewiętnaście   trzydzieści sześć   czterdzieści siedem
> osiemdziesiąt siedem   siedemdziesiąt sześć   dziesięć
> dwadzieścia jeden   dziewięćdziesiąt dziewięć

| 1 | 2 | 3 | 4 | 5 | 6 | 7 | 8 | 9 | 10 |
|---|---|---|---|---|---|---|---|---|---|
| ✓ 11 | 12 | 13 | 14 | 15 | 16 | 17 | 18 | 19 | 20 |
| 21 | 22 | 23 | 24 | 25 | 26 | 27 | 28 | 29 | 30 |
| 31 | 32 | 33 | 34 | 35 | 36 | 37 | 38 | 39 | 40 |
| 41 | 42 | 43 | 44 | 45 | 46 | 47 | 48 | 49 | 50 |
| 51 | 52 | 53 | 54 | 55 | 56 | 57 | 58 | 59 | 60 |
| 61 | 62 | 63 | 64 | 65 | 66 | 67 | 68 | 69 | 70 |
| 71 | 72 | 73 | 74 | 75 | 76 | 77 | 78 | 79 | 80 |
| 81 | 82 | 83 | 84 | 85 | 86 | 87 | 88 | 89 | 90 |
| 91 | 92 | 93 | 94 | 95 | 96 | 97 | 98 | 99 | 100 |

### B  Write the following dates.

1. Urodziłem się _drugiego grudnia_ _____ . (02.12.)
2. Moja koleżanka ma urodziny _____ . (16.02.)
3. Pierwszy dzień lata jest _____ . (21.06.)
4. Imieniny Renaty są _____ . (12.11.)
5. Na urlopie jesteśmy od _____ (10.07.)
   do _____ . (17.07.)
6. Bogdan zaczyna nową pracę _____ . (10.03.)
7. Nowy rok zaczyna się _____ . (01.01.)
8. Czy w Anglii _____ (01.04.) też jest prima aprilis?
9. Mój ojciec przechodzi na emeryturę _____ . (30.09.)
10. Będę we Włoszech od _____ (20.10.)
    do _____ . (28.10.)
11. _____ (03.05.) w Polsce jest święto narodowe.
12. _____ (08.08.) lecę do Stanów.

# 32 | Kto jest szybszy? Co jest szybsze?

comparative of adjectives

**Complete the sentences with the comparative form of the adjective.**

1. Samochód jest _szybszy_ od roweru. `szybki`
2. Pogoda dzisiaj jest _____ niż wczoraj. `ładny`
3. Kto jest _____ , ty czy twój brat? `stary`
4. Kup tę _____ torebkę, jest bardzo ładna! `mały`
5. Budynek banku jest _____ niż budynek uniwersytetu. `wysoki`
6. Które lody są _____ , waniliowe czy czekoladowe? `dobry`
7. Mieszkam w _____ mieście niż ty. `duży`
8. Muszę koniecznie mieć _____ komputer! `nowy`
9. On jest _____ aktorem niż myśleliśmy. `zły`
10. Te spodnie są za wąskie. Czy ma pani _____ ? `szeroki`
11. Na ślub musisz założyć coś _____ niż dżinsy. `elegancki`
12. Maciek jest _____ niż jego koledzy w klasie. `wysportowany`

---

**Did you know?**
There are a couple of adjectives whose comparative (and also superlative) form is irregular or descriptive, e.g.

dobry – lepszy          interesujący – bardziej / mniej interesujący
zły – gorszy            elegancki – bardziej / mniej elegancki
mały – mniejszy
duży – większy

In comparative sentences you can use the preposition *niż* + NOM or *od* + GEN.

# 33 | Warszawę? Warszawy?

recognizing declined forms of nouns and adjectives – the accusative and genitive singular

### A Find the accusative singular.

1. Kocham Warszawa / Kraków / Bałtykiem.
2. Chrońmy naszą Odra / Tatry / Wisłę.
3. Fotografuję wiosenny Paryż / Niemcy / Polską.
4. Kupuję bilet / mapą / gazet.
5. Mam przystojny / wysokiego / szczupłym brata.
6. Zgubiłam torba / bagażu / walizkę.
7. Mam ładnego / chudym / grubej psa.
8. Mam wysoką / niskim / sympatycznemu siostrę.
9. Poleć mi dobrą książka / syropu / szkołę.
10. Jak masz na drugie imienia / imię / nazwiskiem.
11. Pijemy czerwona / zieloną / brązowym herbatę.
12. Znam tego studentowi / nauczyciela / fryzjerem.

### B Find the genitive singular.

1. Nie lubię chleb / sera / zupę.
2. Zabrakło mi kawę / herbata / mleka.
3. Lecę do Krakowa / Berlin / Nowym Jorku.
4. Od poniedziałku / weekend / środę mam urlop.
5. Bez Polski / Hiszpanią / Anglia nie mogę żyć.
6. Do marcu / września / grudzień będę na zwolnieniu.
7. Nie toleruję biały / żółtego / chudym sera.
8. Nie potrzebuję nowoczesnej / starego / drogiemu komputera.
9. Na pustyni nie ma wody / sok / colę.
10. Nigdy nie jem gorącej / słodką / słone zupy.
11. Nie chcę znowu hamburgera / pizzę / kebab na obiad.
12. To jest prezent dla mojej kochanej / ulubiony / szybkiemu babci.

# 34 Zjedz śniadanie, nie jedz kolacji!

the aspect of verbs in the imperative

**A** Complete the table with the correct forms of the imperative.

| | PARY ASPEKTOWE | TY | MY | WY |
|---|---|---|---|---|
| 1 | robić / zrobić | rób! / zrób! | *róbmy!* / *zróbmy!* | róbcie! / zróbcie! |
| 2 | kupować / kupić | ___ / ___ | ___ / ___ | kupujcie! / kupcie! |
| 3 | czytać / przeczytać | czytaj! / przeczytaj! | ___ / ___ | ___ / ___ |
| 4 | pić / wypić | ___ / ___ | pijmy! / wypijmy! | ___ / ___ |
| 5 | mówić / powiedzieć | ___ / ___ | ___ / ___ | mówcie! / powiedzcie! |
| 6 | pytać / zapytać | pytaj! / zapytaj! | ___ / ___ | ___ / ___ |
| 7 | jeść / zjeść | ___ / ___ | ___ / ___ | jedzcie! / zjedzcie! |
| 8 | jechać / pojechać | ___ / ___ | jedźmy! / pojedźmy! | ___ / ___ |
| 9 | iść / pójść | ___ / ___ | ___ / ___ | idźcie! / pójdźcie! |
| 10 | wstawać / wstać | wstawaj! / wstań! | ___ / ___ | ___ / ___ |
| 11 | siadać / (u)siąść | ___ / ___ | ___ / ___ | siadajcie! / usiądźcie! |
| 12 | wchodzić / wejść | ___ / ___ | wchodźmy! / wejdźmy! | ___ / ___ |

**B** Underline the correct form of the verb. Sometimes both forms are correct.

1. <u>Kup</u> / Kupuj proszę chleb i masło!
2. Róbmy / Zróbmy sobie małą przerwę na kawę!
3. Czytajcie / Przeczytajcie ten tekst na następną lekcję!
4. Pij / Wypij, proszę, to lekarstwo, to ci dobrze zrobi!
5. Lepiej nic nie mów / powiedz!
6. Pytajmy / Zapytajmy nauczycielkę!
7. Nie jedz / zjedz tyle chipsów, to niezdrowe!
8. Nie jedźmy / pojedźmy pociągiem, to zbyt długo trwa!
9. Chodźmy / Pójdźmy do kina!
10. Wstawaj / Wstań już, jest ósma!
11. Nie siadajcie / usiądźcie, zaraz wychodzimy!
12. Wchodźcie / Wejdźcie, drzwi są otwarte!

---

**Did you know?**
The imperative and the aspect are related to each other.

In positive sentences the imperative is created from the perfective verb, whereas in the negative imperative the imperfective verb is used.

Compare:
Pojedźmy samochodem! – Nie jedźmy samochodem!
Pomóż bratu! – Nie pomagaj bratu!
Kup żółty ser! – Nie kupuj żółtego sera!
Spytajcie nauczycielkę! – Nie pytajcie nauczycielki!

An object which is in the accusative automatically changes into the genitive in negations.
In colloquial speech the perfective and imperfective aspects are sometimes interchangeable.

Compare:
Wchodźcie, drzwi są otwarte! = Wejdźcie, drzwi są otwarte!
Wstawaj, już jest ósma! = Wstań, już jest ósma!

# 35 Gdzie byłeś? Co robiłeś?

conjugation of imperfective verbs in the past tense

**Complete each sentence with the appropriate form of the verb in the past tense.**

1. Wczoraj moje dziecko cały wieczór ___czytało___ czytać książkę.
2. W sobotę moi rodzice _____ być na imprezie u znajomych.
3. Już nie pamiętam, co _____ robić w weekend. Na pewno dużo spałam…
4. Na sobotę Jacek zawsze _____ kupować rybę i warzywa.
5. Próbowałam się z tobą skontaktować. _____ dzwonić do ciebie kilka razy, ale twój telefon był cały czas zajęty.
6. Bardzo dobrze mówicie po niemiecku. Jak długo _____ mieszkać w Niemczech?
7. Michael _____ uczyć się polskiego na letnich kursach w Krakowie.
8. Pamiętasz, kiedy ostatni raz _____ tańczyć na dyskotece? Chyba kiedy byłyśmy w Grecji 2 lata temu.
9. Do pracy Joanna zawsze _____ chodzić na piechotę.
10. Mój mąż zawsze _____ wychodzić do pracy o 7:00 rano.
11. Cały dzień _____ pracować w ogrodzie. A potem grillowaliśmy do późna w nocy.
12. Aniu, czy w weekend zawsze _____ odwiedzać rodziców?

# 36 Kto, kogo, kim?

*question words and cases*

**Match up the beginnings and endings of the questions.**

1. Kto ᴺᴼᴹ ...
2. Co ᴺᴼᴹ ...
3. Kogo ᴳᴱᴺ ...
4. Czego ᴳᴱᴺ ...
5. Komu ᴰᴬᵀ ...
6. Czemu ᴰᴬᵀ ...
7. Kogo ᴬᶜᶜ ...
8. Co ᴬᶜᶜ ...
9. Kim ᴵᴺˢᵀᴿ ...
10. Czym ᴵᴺˢᵀᴿ ...
11. O kim ᴸᴼᶜ ...
12. O czym ᴸᴼᶜ ...

a. ... rozmawiałyście? O szefie?
b. ... dzisiaj nie ma?
c. ... on jest? Inżynierem czy architektem?
d. ... marzysz? O weekendzie?
e. ... zaprosiłeś na imieniny? Kasię i Iwonkę?
f. ... nie rozumiecie? Proszę pytać.
g. ... się przyglądacie?
h. ... to znaczy?
i. ... się interesujesz? Teatrem?
j. ... zna jego adres?
k. ... daliście prezent? Koleżance?
l. ... chcesz zjeść, makaron czy ryż?

| 1 | 2 | 3 | 4 | 5 | 6 | 7 | 8 | 9 | 10 | 11 | 12 |
|---|---|---|---|---|---|---|---|---|----|----|----|
| j |   |   |   |   |   |   |   |   |    |    |    |

GRAMATYKA 1

# 37 Może w góry albo na Majorkę?

declension of names of mountain ranges and islands

**Fill in the correct forms of the names of the islands and mountain ranges.**

### A

| | WYSPY | JADĘ NA… + ACC | JESTEM NA… + LOC |
|---|---|---|---|
| 1 | Azory (pl) | na *Azory* | na *Azorach* |
| 2 | Bermudy (pl) | na | na |
| 3 | Cypr | na | na |
| 4 | Elba | na | na |
| 5 | Hvar | na | na |
| 6 | Ibiza | na | na |
| 7 | Karaiby (pl) | na | na |
| 8 | Korsyka | na | na |
| 9 | Kreta | na | na |
| 10 | Madagaskar | na | na |
| 11 | Majorka | na | na |
| 12 | Malediwy (pl) | na | na |
| 13 | Malta | na | na |
| 14 | Sardynia | na | na |
| 15 | Seszele (pl) | na | na |
| 16 | Sycylia | na | na |

**B**

| | GÓRY | JADĘ W… + ACC | JESTEM W… + LOC |
|---|---|---|---|
| 1 | Alpy (pl) | w *Alpy* | w *Alpach* |
| 2 | Andy (pl) | w | w |
| 3 | Apeniny (pl) | w | w |
| 4 | Appalachy (pl) | w | w |
| 5 | Beskidy (pl) | w | w |
| 6 | Bieszczady (pl) | w | w |
| 7 | Dolomity (pl) | w | w |
| 8 | Góry Stołowe (pl) | w | w |
| 9 | Góry Świętokrzyskie (pl) | w | w |
| 10 | Karkonosze (pl) | w | w |
| 11 | Karpaty (pl) | w | w |
| 12 | Kordyliery (pl) | w | w |
| 13 | Pieniny (pl) | w | w |
| 14 | Pireneje (pl) | w | w |
| 15 | Rudawy (pl) | w | w |
| 16 | Sudety (pl) | w | w |
| 17 | Tatry (pl) | w | w |

# 38 W pracy

**declension of nouns**

**Guess the words and put them into the crossword in the appropriate case. What's the mystery word?**

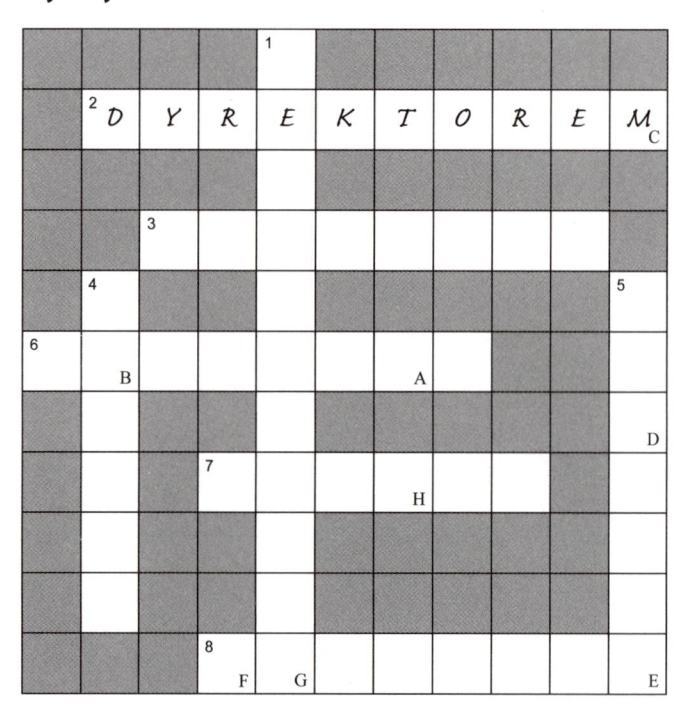

|   | A | B | C | D | E | F | G | H |
|---|---|---|---|---|---|---|---|---|
|   |   |   | M |   |   |   |   |   |

Crossword entries shown: 2 across = DYREKTOREM (with C marked under M)

**Poziomo:** →

2. – szef w instytucji, w biurze
Mamy nowego szefa. Pan Winnicki jest naszym nowym ….. .

3. – urządzenie, drukuje dokumenty z komputera
Musimy kupić nową ….. , ta już nie drukuje.

6. – urządzenie, robi kopie
Niestety, w naszym biurze nie mamy dobrej ….. i wszystkie kopie robimy w budynku obok.

7. – mebel w biurze; siedzisz przy nim
Idź na spacer! Nie można cały dzień siedzieć przy ….. !

8. – aparat; stacjonarny albo komórkowy
Czy masz mój nowy numer ….. ?

**Pionowo:** ↓

1. – lista reguł, co wolno robić, czego nie wolno robić – w pracy, w autobusie, w fabryce…
W ….. jest punkt, że tu nie wolno palić.

4. – człowiek, który razem z tobą pracuje
Olek jest moim najlepszym ….. z pracy.

5. – do pisania, biały albo kolorowy
Niestety, chyba już nie ma ….. ! Trzeba kupić nowy.

50  GRAMATYKA 1

# 39 | Dzwonić czy zadzwonić?

*aspectual pairs with prefixes*

**Form aspectual pairs using the prefixes from the box.**

| na- | na- | o- | po- | po- | po- | po- | ~~prze-~~ | s- | u- |
| u- | u- | wy- | wy- | z- | z- | za- | za- | za- | za- |

| 1 | | czytać | *przeczytać* |
|---|---|---|---|
| 2 | | czekać | |
| 3 | | jechać | |
| 4 | | jeść | |
| 5 | | pić | |
| 6 | | sprzątać | |
| 7 | | pisać | |
| 8 | | gotować | |
| 9 | | dzwonić | |
| 10 | | prać | |
| 11 | | myć | |
| 12 | | budzić (się) | |
| 13 | | robić | |
| 14 | | uczyć (się) | |
| 15 | | rozmawiać | |
| 16 | | piec | |
| 17 | | kończyć | |
| 18 | | śpiewać | |
| 19 | | tańczyć | |
| 20 | | notować | |

> **! Did you know?**
> Perfective verbs can often be created from imperfective verbs using prefixes. The prefixes which are most often used are: **z- (s-)**, e.g. **z**robić, **s**próbować; **za-**, e.g. **za**tańczyć; **po-**, e.g. **po**czekać; **u-**, e.g. **u**myć; **prze-**, e.g. **prze**czytać, **na-**, e.g. **na**uczyć (się); **o-**, e.g. **o**budzić (się).
>
> Prefixes can also be used to create verbs with a different meaning, e.g. *przyjść* (to come), *wyjść* (to go out), *wejść* (to enter), *przejść* (to go through) or *podpisać* (to sign), *przepisać* (to copy), *zapisać* (to write down).
> Sometimes a verb with different prefixes may have the same meaning, e.g. *zaczekać* (to wait), *poczekać* (to wait).
> ☺ Therefore it is best to learn aspectual pairs by heart!

# 40 Ona myśli, że jestem milionerem

compound sentences

**Match up the beginnings and endings of the sentences.**

| 1 | Ona myśli, | h | ale lubi robić z mamą zakupy. | a |
| --- | --- | --- | --- | --- |
| 2 | On dużo pracuje, dlatego | | czy nie wrócę późno. | b |
| 3 | Łukasz interesuje się komputerami, | | jeżeli jest ładna pogoda. | c |
| 4 | Lubię bawić się z naszym kotem, | | jest rzadko w domu ze swoją rodziną. | d |
| 5 | W weekendy chodzimy na spacer, | | nauczyć się mówić po polsku. | e |
| 6 | Mój tata nie lubi gotować, | | w tygodniu nie mamy na to czasu. | f |
| 7 | Nie lubię, kiedy ktoś | | czyta moje SMS-y. | g |
| 8 | Mieszkanie sprzątamy zawsze w weekend, dlatego że | | że jest bardzo mądra. | h |
| 9 | Idę wieczorem na urodziny i nie wiem, | | mimo że mam alergię. | i |
| 10 | Pójdę najpierw do parku, | | i dlatego chce studiować informatykę. | j |
| 11 | Jadę na kurs polskiego do Krakowa, żeby | | który rozmawia z naszym nauczycielem? | k |
| 12 | Kim jest ten chłopak, | | a potem do kina. | l |
| 13 | Idę na spacer, chociaż | | się czuję. | ł |
| 14 | Mama pyta, czy źle | | ale mimo to go lubię. | m |
| 15 | Koleżanka mówi, że ma | | chociaż boli mnie głowa. | n |
| 16 | On jest pesymistą, | | ochotę pójść do kina. | o |
| 17 | Idę na lekcję hiszpańskiego, | | mimo to spotykam się z kolegą. | p |
| 18 | Boli mnie głowa, ale | | jestem przeziębiony. | r |

52 GRAMATYKA 1

# 41 Podoba mi się twoja sukienka

declension of nouns, adjectives and personal pronouns; conjugation of the verbs *interesować się, lubić, podobać się*

## A  Put the highlighted expressions into the sentences in the correct form.

1. Nie __podoba__ __mi__ __się__ ten film. **podobać się, ja**
2. Czy _____ barszcz czerwony z uszkami? **lubić, wy**
3. _____ bardzo _____ Barcelonę. **Renata, lubić**
4. _____ _____ _____ amerykańskie filmy? **kto, podobać się**
5. _____ _____ _____ szybkie samochody. **Marek, podobać się**
6. _____ _____ _____ tańczyć. **mój mąż, lubić**
7. Jak _____ _____ _____ moja nowa sukienka? **wy, podobać się**
8. _____ _____ polską kuchnię? **kto, lubić**
9. Czy _____ _____ _____ moje nowe mieszkanie? **ty, podobać się**
10. _____ bardzo _____ Polskę. **oni, lubić**

## B  Use the prompts to create grammatically correct sentences.

1. czy, interesować się<sup>ty</sup>, polskie kino   __Czy interesujesz się polskim kinem__ ?
2. lubić<sup>my</sup>, polskie kino   _____ .
3. Friederike, interesować się, sztuka japońska
   _____ .
4. czy, lubić<sup>wy</sup>, sztuka japońska   _____ ?
5. czy, pani, interesować się, futbol amerykański
   _____ ?
6. on, bardzo, lubić, futbol amerykański
   _____ .
7. czy, interesować się<sup>ty</sup>, sportowe samochody
   _____ ?
8. chłopcy, lubić, sportowe samochody
   _____ .

### ! Did you know?
You can talk about your interests and likes using different grammatical structures:
*lubię* + ACC, *podoba mi się* + NOM, *interesuję się* + INSTR

Compare:
Lubię muzykę / teatr / kino / polskie filmy.
Podoba mi się muzyka / teatr / kino. Podobają mi się polskie filmy.
Interesuję się muzyką / teatrem / kinem / polskimi filmami.

# 42 Idziemy na obiad?

*the accusative singular and plural*

**Put the expressions in brackets into the accusative singular or the accusative plural.**

Idziemy / Jedziemy na… + ACC

1. _film_ (film).
2. _____ (obiad).
3. _____ (lody; pl).
4. _____ (spotkanie).
5. _____ (mecz).
6. _____ (kurs).
7. _____ (dyskoteka).
8. _____ (wykład).
9. _____ (joga).
10. _____ (poczta).
11. _____ (stadion).
12. _____ (zajęcia; pl).
13. _____ (randka).
14. _____ (śniadanie).
15. _____ (piwo).
16. _____ (demonstracja).

Jedziemy na… + ACC

17. _____ (wakacje; pl).
18. _____ (ferie; pl).
19. _____ (święta; pl).

**Did you know?**
In Polish there are a couple of nouns that only exist in the plural form (we call them Pluralia Tantum). The most common ones are: *wakacje, ferie, drzwi, okulary, plecy, skrzypce, nożyczki, spodnie*.

There are also some nouns which have a singular form, but tend only to be used in the plural, e.g. *narty, lody, zajęcia, pieniądze, słodycze*.

The verbs *iść* and *jechać* together with the preposition *na* and the Accusative are used when talking about eating, drinking, open spaces and events, e.g. *iść / jechać na obiad, kawę, parking, film*, but also *iść / jechać na pocztę, dworzec, uniwersytet* (*iść / jechać + na + ACC*).

# 43 Nie czekaj na mnie!

*the negative imperative*

**Change the positive sentences into negative ones.**

1. Przeczytaj tę książkę! — *Nie czytaj tej książki*!
2. Zjedz kolację! — Nie jedz kolacji!
3. Zadzwoń do niej! — Nie dzwoń do niej!
4. Kupcie mu prezent! — Nie kupujcie mu prezentu!
5. Wejdźmy do środka! — Nie wchodźmy do środka!
6. Obejrzyj ten film! — Nie oglądaj tego filmu!
7. Zrób to! — Nie rób tego!
8. Pomyślcie o tym! — Nie myślcie o tym!
9. Weź antybiotyk! — Nie bierz antybiotyku!
10. Zapytajmy go o to! — Nie pytajmy go o to!
11. Odpowiedz na tego e-maila! — Nie odpowiadaj na tego e-maila!
12. Pojedźmy tramwajem! — Nie jedźmy tramwajem!
13. Poczekaj na mnie! — Nie czekaj na mnie!
14. Wypij ten syrop! — Nie pij tego syropu!
15. Zjedzmy deser! — Nie jedzmy deseru!

**Did you know?**
The imperative and the aspect are related to each other.

**See also:** the grammar box in exercise 34

# 44 Dziwna rodzina Adamskich

declension of nouns combined with prepositions

**Look at the pictures and fill in the appropriate noun endings.**

**1** Książka leży pod stoł_em_, a nie na stol_e_ .

**2** Pies leży na fotel____, a nie pod fotel____ .

**3** Samochód stoi w dom____, a nie przed dom____ .

**4** Lampa stoi za okn____, a nie przy okn____ .

5. Dziecko siedzi w biurk_____ , a nie przy biurk_____ .

6. Okulary leżą obok komod_____ , a nie na komodz_____ .

7. Kot siedzi za drzew_____ , a nie na drzew_____ .

8. Stół stoi pod dywan_____ , a nie na dywan_____ .

9. Telefon leży pod torb_____ , a nie w torb_____ .

10. Rodzina siedzi na samochodz_____ , a nie w samochodz_____ .

# 45 Jaka forma jest dobra?

conjugation of verbs in the present, past and future tenses

**A** Complete the sentences with the appropriate form of the verb in the present or future tense.

1. Robert często ____*choruje*____ chorować jesienią.
2. Mama _____ kupować dzisiaj lekarstwo w aptece.
3. Koleżanki dzisiaj _____ obejrzeć wiadomości.
4. Czy _____ zjeść ᵗʸ dzisiaj śniadanie?
5. Mama _____ kupić jutro lekarstwo w aptece.
6. Czy _____ mieszkać ᵗʸ długo w Warszawie?
7. Co pani teraz _____ robić?
8. Agata _____ jechać teraz na zakupy.
9. _____ uczyć się ʲᵃ polskiego na kursach w Polsce.
10. Moje koleżanki z pracy zawsze _____ oglądać wiadomości.
11. Co pani dzisiaj _____ zrobić na kolację?
12. Jak długo pan dzisiaj _____ pracować?
13. Gdzie _____ studiować ʷʸ?
14. Czy zawsze _____ jeść ᵗʸ śniadanie?
15. Magda _____ pojechać w lipcu na Mazury.
16. Ubierz się ciepło, bo _____ zachorować.
17. Planuję, że w przyszłym roku _____ nauczyć się polskiego.

## B  Complete the sentences with the appropriate form of the verb in the past tense.

1. Robert często _____*chorował*_____ **chorować** jesienią.
2. Mama _____ **kupić** dzisiaj lekarstwo w aptece.
3. Koleżanki _____ **obejrzeć** wiadomości.
4. Czy _____ **mieszkać**[ty, fem] długo w Warszawie?
5. Co pani dzisiaj _____ **zrobić** na kolację?
6. Czy dzisiaj _____ **zjeść**[ty, masc] śniadanie?
7. Agata _____ **pojechać** na zakupy.
8. Gdzie _____ **studiować**[wy, fem i masc]?
9. _____ **uczyć się**[ja, fem] polskiego na kursach w Polsce.
10. Jak długo pan dzisiaj _____ **pracować**?

### Did you know?

An imperfective verb used in the present tense informs us that the action is happening now or happens regularly, often, or more than once.

Example:
Teraz / W tym momencie / Zawsze / Regularnie **robię** pracę domową.
A perfective verb acts as **the future tense**.

Example:
Za godzinę **zjem** obiad. Później **zrobię** pracę domową.
There are also verbs with only one aspect form (imperfective). In this situation, **the future tense** is created in a descriptive way with the use of the structure *będę* + an imperfective verb in the infinitive.

**See also:** the grammar box in exercise 59

An imperfective verb used in **the past tense** informs us that the action was happening for a period of time, regularly, often, or more than once.

Example:
Zawsze / Regularnie / Często **jadłem / jadłam** obiad.
A perfective verb used in **the past tense** informs us that the action happened just once. **This is the form is most often used to talk about events in the past.**

Example:
Właśnie **zjadłem / zjadłam** obiad. Przed chwilą **zrobiłem / zrobiłam** pracę domową.

# 46 | O co chodzi?
### the accusative singular in prepositional phrases

**Put the highlighted words into the accusative singular.**

1. Czekam już 15 minut na ___*autobus*___ autobus.
2. Turysta pyta o _____ droga do hotelu.
3. Muszę kupić jeszcze bilet na _____ tramwaj.
4. Kolega pyta o _____ godzina.
5. O _____ co chodzi?
6. Proszę o _____ uwaga!
7. Zawsze mogę liczyć na _____ moja mama.
8. Na _____ co czekasz?
9. O _____ kto ona pyta?
10. Czy na _____ Marek można liczyć?

---

**! Did you know?**
An object in the accusative most often appears directly after most common verbs, e.g. *mieć, lubić, kochać, spotykać, znać*. It is less often used in prepositional phrases, e.g. *bilet na, czekać na, liczyć na, prosić o, pytać o*.

The idiomatic expression *chodzić o* + ACC is a question used in a few different ways: *O co chodzi?* (What's going on?) = *Jaki jest temat / problem?* (What's the subject / problem?) *W czym rzecz?* (What's the matter?)

# 47 Oni mieszkają w Gdańsku

conjugation of verbs in the present tense

**Fill the gaps with the appropriate form of the verb in the present tense.**

## A

Basia i Michał ___są___ być[1] lekarzami i _____ mieszkać[2] w Gdańsku. _____ mieć[3] dwoje dzieci. Syn, Bartek i córka, Marta _____ chodzić[4] jeszcze do szkoły podstawowej. Codziennie rano Basia i Michał _____ wstawać[5] o szóstej, _____ brać[6] prysznic, _____ ubierać się[7] i _____ budzić[8] dzieci. Wszyscy _____ jeść[9] razem śniadanie, a potem rodzice _____ przygotowywać[10] drugie śniadanie dla dzieci. Z domu wszyscy _____ wychodzić[11] o wpół do ósmej. Rodzice _____ jechać[12] do pracy, a dzieci do szkoły.

## B

Marcin ___ma___ mieć[1] 17 lat, _____ być[2] uczniem i _____ chodzić[3] do liceum. _____ mieszkać[4] z rodzicami w Gdańsku. Marcin nie _____ mieć[5] rodzeństwa. Jego najlepszy kolega _____ mieć[6] na imię Tomek i _____ chodzić[7] do tej samej klasy, co Marcin. Inny dobry kolega Marcina _____ być[8] rok starszy od niego i _____ nazywać się[9] Patryk Marcinkowski. Oni _____ spotykać się[10] często u Marcina w domu i _____ grać[11] na komputerze albo _____ uczyć się[12] do testu. Czasami _____ chodzić[13] razem na mecz albo na dyskotekę. W zimie zawsze _____ jeździć[14] na nartach.

# 48 Mieszkanie za mieszkanie

spelling

**Fill in the missing letters.**

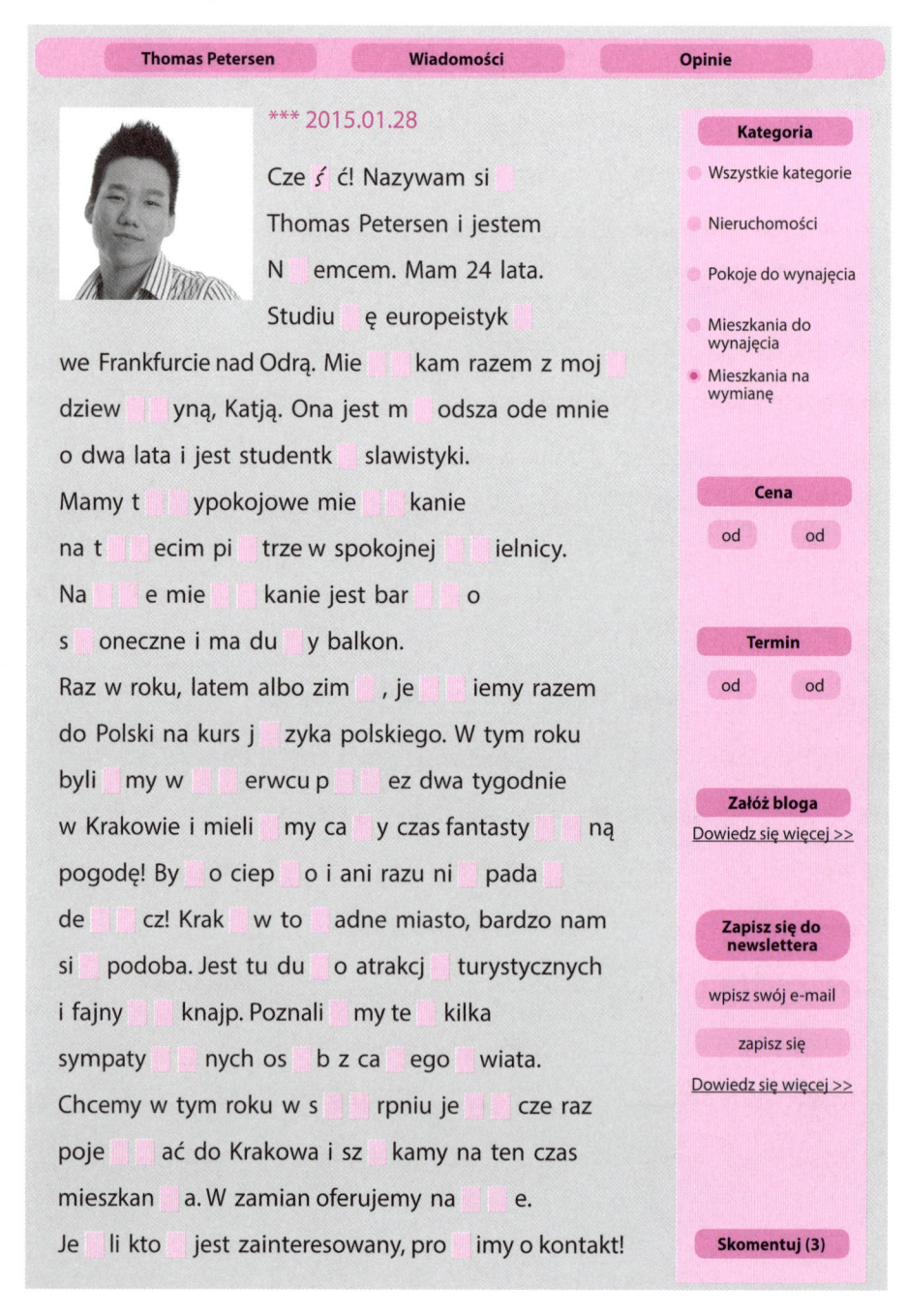

Thomas Petersen — Wiadomości — Opinie

\*\*\* 2015.01.28

Cze ś ć! Nazywam si▢ Thomas Petersen i jestem N▢emcem. Mam 24 lata. Studiu▢ę europeistyk▢ we Frankfurcie nad Odrą. Mie▢kam razem z moj▢ dziew▢yną, Katją. Ona jest m▢odsza ode mnie o dwa lata i jest studentk▢ slawistyki. Mamy t▢ypokojowe mie▢kanie na t▢ecim pi▢trze w spokojnej ▢ielnicy. Na▢e mie▢kanie jest bar▢o s▢oneczne i ma du▢y balkon.
Raz w roku, latem albo zim▢, je▢iemy razem do Polski na kurs j▢zyka polskiego. W tym roku byli▢my w ▢erwcu p▢ez dwa tygodnie w Krakowie i mieli▢my ca▢y czas fantasty▢ną pogodę! By▢o ciep▢o i ani razu ni▢ pada▢ de▢▢cz! Krak▢w to ▢adne miasto, bardzo nam si▢ podoba. Jest tu du▢o atrakcj▢ turystycznych i fajny▢ knajp. Poznali▢my te▢ kilka sympaty▢nych os▢b z ca▢ego ▢wiata. Chcemy w tym roku w s▢rpniu je▢cze raz poje▢ać do Krakowa i sz▢kamy na ten czas mieszkan▢a. W zamian oferujemy na▢▢e. Je▢li kto▢ jest zainteresowany, pro▢imy o kontakt!

**Kategoria**
- Wszystkie kategorie
- Nieruchomości
- Pokoje do wynajęcia
- Mieszkania do wynajęcia
- Mieszkania na wymianę

**Cena**
od ▢ od ▢

**Termin**
od ▢ od ▢

**Załóż bloga**
Dowiedz się więcej >>

**Zapisz się do newslettera**
wpisz swój e-mail
zapisz się
Dowiedz się więcej >>

**Skomentuj (3)**

# 49 | Najweselsza dziewczynka w klasie
### superlative adjectives

**Complete the sentences with the superlative form of the adjective.**

1. Jego samochód jest ___*najszybszy*___ ze wszystkich. **szybki**
2. Warszawa jest jednym z _____ miast europejskich. **duży**
3. Ola jest _____ dziewczynką w klasie. **wesoły**
4. Latem weszliśmy na _____ szczyt Europy. **wysoki**
5. Czy wiesz, jak się nazywa _____ rzeka świata? **długi**
6. Ciekawe, kim jest _____ człowiek na świecie? **wysportowany**
7. To jest _____ pizza, jaką jadłam w życiu. **zły**
8. On zawsze chce być _____ . **dobry**
9. To był jeden z _____ testów podczas studiów. **łatwy**
10. Dzieci zawsze chcą mieć _____ gry komputerowe. **nowy**
11. To był _____ dzień wakacji! **piękny**
12. Czytałem wczoraj artykuł o _____ człowieku na świecie. **stary**

### Did you know?
There are a couple of adjectives whose superlative (and also comparative) form is irregular or descriptive, e.g.

dobry – najlepszy
zły – najgorszy
mały – najmniejszy
duży – największy

interesujący – najbardziej / najmniej interesujący
elegancki – najbardziej / najmniej elegancki

# 50 | Masz czas? Nie mam!
conjugation of regular verbs in the present tense

**Put in the missing verb forms in the present tense.**

**① kochać**
(ja) kocha**m**
(ty) _kochasz_
on, ona, ono, pan, pani _____
(my) _____
(wy) _____
oni, one, państwo kocha**ją**

**② robić**
(ja) robi**ę**
(ty) robi**sz**
on, ona, ono, pan, pani _____
(my) _____
(wy) _____
oni, one, państwo _____

**③ pytać**
(ja) _____
(ty) pyta**sz**
on, ona, ono, pan, pani _____
(my) pyta**my**
(wy) _____
oni, one, państwo _____

**④ rozumieć**
(ja) rozumie**m**
(ty) rozumie**sz**
on, ona, ono, pan, pani _____
(my) _____
(wy) _____
oni, one, państwo _____

**⑤ sprzątać**
(ja) _____
(ty) _____
on, ona, ono, pan, pani _____
(my) _____
(wy) sprząta**cie**
oni, one, państwo sprząta**ją**

**⑥ dawać**
(ja) da**ję**
(ty) da**jesz**
on, ona, ono, pan, pani _____
(my) _____
(wy) _____
oni, one, państwo _____

**⑦ studiować**
(ja) studi**uję**
(ty) _____
on, ona, ono, pan, pani _____
(my) _____
(wy) _____
oni, one, państwo studi**ują**

**⑧ pić**
(ja) _____
(ty) pi**jesz**
on, ona, ono, pan, pani pi**je**
(my) _____
(wy) _____
oni, one, państwo _____

### 9. lubić
(ja) _____
(ty) _____
on, ona, ono, pan, pani _____
(my) lubi**my**
(wy) lubi**cie**
oni, one, państwo _____

### 10. wydawać
(ja) wyd**aję**
(ty) _____
on, ona, ono, pan, pani _____
(my) _____
(wy) _____
oni, one, państwo wyd**ają**

### 11. zaczynać
(ja) zaczyna**m**
(ty) zaczyna**sz**
on, ona, ono, pan, pani _____
(my) _____
(wy) _____
oni, one, państwo _____

### 12. żyć
(ja) _____
(ty) _____
on, ona, ono, pan, pani żyje
(my) _____
(wy) _____
oni, one, państwo żyj**ą**

### 13. pracować
(ja) _____
(ty) prac**ujesz**
on, ona, ono, pan, pani _____
(my) prac**ujemy**
(wy) _____
oni, one, państwo _____

### 14. czytać
(ja) _____
(ty) _____
on, ona, ono, pan, pani czyta
(my) _____
(wy) czyta**cie**
oni, one, państwo _____

---

> **Did you know?**
> You can usually recognize which conjugation group a verb belongs to by looking at the ending of its infinitive.
> Example:
> *czytać* – *czyta**m**, czyta**sz**, czyta, czyta**my**, czyta**cie**, czyta**ją***
>
> *See also: the grammar box in exercise 19*
>
> Example:
> *interes**ować** się – interes**uję** się, interes**ujesz** się, interes**uje** się, interes**ujemy** się, interes**ujecie** się, interes**ują** się*
>
> Example:
> *rob**ić** – rob**ię**, robi**sz**, robi, robi**my**, robi**cie**, robi**ą***
> Example:
> *tańcz**yć** – tańcz**ę**, tańczy**sz**, tańczy, tańczy**my**, tańczy**cie**, tańcz**ą***
>
> *See also: the grammar box in exercise 26*
>
> There are a couple of exceptions to the rule, e.g. the verbs *pisać* – *piszę, piszesz, pisze, piszemy, piszecie, piszą* and *brać* – *biorę, bierzesz, bierze, bierzemy, bierzecie, biorą*
> One-syllable verbs, such as *myć, pić, bić, szyć, żyć* are conjugated according to the pattern: *my-j-ę, my-j-esz, my-j-e, my-j-emy, my-j-ecie, my-j-ą* and have the suffix *-j-* in all the forms.

# 51 Lubię lody, nie lubię paluszków

*the accusative and the genitive plural*

**Put the nouns and adjectives into the accusative and the genitive plural.**

|    | TO SĄ… + NOM     | LUBIĘ… + ACC  | NIE LUBIĘ… + GEN |
|----|------------------|---------------|------------------|
| 1  | pierogi ruskie   | pierogi ruskie | pierogów ruskich |
| 2  | suszone owoce    |               |                  |
| 3  | kwaśne jabłka    |               |                  |
| 4  | lody śmietankowe |               |                  |
| 5  | mrożone warzywa  |               |                  |
| 6  | orzechy włoskie  |               |                  |
| 7  | słone paluszki   |               |                  |
| 8  | polskie zupy     |               |                  |
| 9  | słodkie ciastka  |               |                  |
| 10 | czarne oliwki    |               |                  |
| 11 | duże psy         |               |                  |
| 12 | ambitni studenci |               |                  |
| 13 | twoje koleżanki  |               |                  |
| 14 | wasi koledzy     |               |                  |
| 15 | czarne koty      |               |                  |

> **Did you know?**
>
> An object in the accusative automatically changes into the genitive in a negative sentence.
>
> Compare:
> Lubię polskie pierogi. (ACC) – Nie lubię polskich pierogów. (GEN)
> Jemy słodkie ciastka. (ACC) – Nie jemy słodkich ciastek. (GEN)
>
> The object in the accusative plural is the same as in the nominative plural for the nouns from the non-masculine personal group and the same as in the genitive plural for the nouns from the masculine personal group.
>
> Compare:
> To są miłe kobiety, małe dzieci, ładne psy, dobre samochody. (NOM) – Widzę miłe kobiety, małe dzieci, ładne psy, dobre samochody. (ACC)
> Mam dobrych kolegów. (ACC) – Nie mam dobrych kolegów. (GEN)
>
> The non-masculine personal group consists of all nouns apart from masculine nouns which refer to people.

**See also:** the grammar box in exercise 65

# 52 Serdeczne pozdrowienia z Alp!

prepositions

**Complete the text with the appropriate prepositions from the box.**

>     dla   do   do   na
> na   od   po   w   ~~z~~   za

Kochani!

Serdecznie pozdrawiamy _z_¹ naszego urlopu ____² Alpach! Przyjechaliśmy tu ____³ tydzień, ale czas szybko mija i już ____⁴ trzy dni musimy wracać ____⁵ Polski.

To jest udany urlop! Mamy piękną pogodę i jeździmy codziennie ____⁶ nartach. Wieczorem jesteśmy tak zmęczeni, że od razu ____⁷ kolacji idziemy prosto ____⁸ łóżka spać. Fantastycznie odpoczywamy ____⁹ pracy.

Pozdrowienia ____¹⁰ rodziców i na razie!
Kaśka i Łukasz

Sz. P.

Goździkowie

ul. Ogrodowa 5

18-400 Łożma

---

**Did you know?**
Prepositions are always followed by a particular case, or one of two particular cases.

**See also:** the grammar box in exercise 30

Example:
**od** + GEN        e.g. **Od** kogo masz te kwiaty?
**dla** + GEN       e.g. Kupujemy prezent **dla** naszej przyjaciółki.
**po** + LOC or + ACC   e.g. **Po** śniadaniu poszliśmy do muzeum.
                    Idziemy do sklepu **po** sałatę i pomidory.

# 53 Dzisiaj wrócę późno!

the aspect of the verb

**Choose the appropriate aspect of the verb.**

| 1 | W weekendy zawsze | <u>sprzątam</u> / posprzątam | swój pokój. |
|---|---|---|---|
| 2 | Jutro | sprzątam / posprzątam | swój pokój. |
| 3 | Jutro | jestem / będę | w domu. |
| 4 | Teraz | jestem / będę | w domu. |
| 5 | Jutro wieczorem | dzwonię / zadzwonię | do koleżanki. |
| 6 | Wieczorem zawsze | dzwonię / zadzwonię | do koleżanki. |
| 7 | W sobotę często | gotuję / ugotuję | obiad. |
| 8 | W następną sobotę | gotuję / ugotuję | obiad. |
| 9 | W weekendy często | spotykam się / spotkam się | z kolegami. |
| 10 | W następny weekend | spotykam się / spotkam się | z kolegami. |
| 11 | Jutro wieczorem nie | wracam / wrócę | późno. |
| 12 | Wieczorem nigdy nie | wracam / wrócę | późno. |
| 13 | Rano zawsze | piję / wypiję | kawę. |
| 14 | Jutro rano | piję / wypiję | kawę. |

**! Did you know?**
Imperfective and perfective verbs have different functions in a sentence.

**See also:** the grammar box in exercise 45

# 54 Chodźmy nad rzekę!
declension of names of rivers, lakes, seas and oceans

**Put in the missing forms of the nouns and adjectives.**

| | RZEKI | IDĘ / JADĘ NAD… + ACC | JESTEM NAD… + INSTR |
|---|---|---|---|
| 1 | rzeka | nad rzekę | nad rzeką |
| 2 | Dunaj | | |
| 3 | Ganges | | |
| 4 | Men | | |
| 5 | Nil | | |
| 6 | Ren | | |
| 7 | Szprewa | | |
| 8 | Tamiza | | |
| 9 | Wisła | | |

| | JEZIORA | IDĘ / JADĘ NAD… + ACC | JESTEM NAD… + INSTR |
|---|---|---|---|
| 1 | jezioro | nad jezioro | nad jeziorem |
| 2 | Bajkał | | |
| 3 | Jezioro Bodeńskie | | |
| 4 | Jezioro Rożnowskie | | |

| | MORZA | IDĘ / JADĘ NAD… + ACC | JESTEM NAD… + INSTR |
|---|---|---|---|
| 1 | morze | nad morze | nad morzem |
| 2 | Morze Bałtyckie | | |
| 3 | Morze Północne | | |
| 4 | Morze Śródziemne | | |

| | OCEANY | IDĘ / JADĘ NAD… + ACC | JESTEM NAD… + INSTR |
|---|---|---|---|
| 1 | ocean | nad ocean | nad oceanem |
| 2 | Atlantyk | | |
| 3 | Ocean Indyjski | | |
| 4 | Ocean Spokojny | | |

# 55 | Jaka dziś pogoda?

declension and conjugation

**Complete the sentences with the missing words, put them into the crossword and see what the mystery phrase is.**

|   | 1 | P | A | D | A | Ł |   |   |   |
|---|---|---|---|---|---|---|---|---|---|

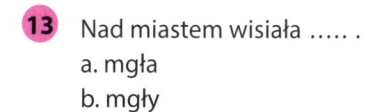

1. Wczoraj ..... deszcz.
   a. padać
   b. padał ✓

2. Dzisiaj jest ładnie, świeci ..... .
   a. słońce
   b. słońca

3. W weekend będzie ..... 35 stopni!
   a. gorący
   b. gorąco

4. W dzień było ciepło, ale w nocy będzie ..... .
   a. zimno
   b. zimny

5. To lato było ..... , było deszczowo i chłodno.
   a. brzydkim
   b. brzydkie

6. To był ..... dzień, było słonecznie i ciepło.
   a. ładna
   b. ładny

7. Cały dzień było ..... .
   a. pochmurno
   b. pochmurny

8. W tym roku mieliśmy ..... zimę.
   a. mroźna
   b. mroźną

9. Nie lubię ..... wiosny!
   a. deszczowej
   b. deszczowym

10. Słyszałeś ..... pogody na weekend?
    a. prognoza
    b. prognozę

11. Całą noc wiał ..... wiatr.
    a. silny
    b. silna

12. W górach często ..... wiatr.
    a. wieją
    b. wieje

13. Nad miastem wisiała ..... .
    a. mgła
    b. mgły

---

**Did you know?**

The adverb doesn't decline and it describes the verb.

The adjective declines and it describes the noun.

„*Pogoda pod psem*" means "unpleasant, rainy weather".

# 56 Czy mógłby mi pan pomóc?

modal verbs in the present tense and in the conditional

**A** Complete the sentences with the appropriate verb *móc*, *chcieć* or *musieć* in the correct form of the present tense.

1. – Czy ___*może*___ mi pan powiedzieć, która godzina?
   – Oczywiście, że ___*mogę*___ . Jest dokładnie piąta.
2. – Dzieci, co _____ na obiad, mięso czy rybę?
   – _____ rybę.
3. – Aneta, czy _____ mi pomóc?
   – Przykro mi, ale nie _____ ci pomóc, nie mam czasu. _____ już iść.
4. – Czy oni jutro pracują?
   – Nie, oni jutro nie _____ iść do pracy, mają wolne.
5. – Jak ona _____ jeść tylko hamburgery i frytki?
   – Ja też myślę, że ona _____ jeść więcej warzyw i owoców, jeżeli chce być zdrowa!
6. – Jesteście głodni? _____ coś zjeść?
   – Tak! _____ pizzę!

> móc
> chcieć
> musieć

**B** Complete the sentences with the appropriate verb *móc*, *chcieć* or *musieć* in the correct form of the conditional.

1. – Czy ___*mógłby*___ mi pan powiedzieć, która godzina?
   – Oczywiście, że ___*mógłbym*___ . Jest dokładnie piąta.
2. – Janku i Marysiu, co _____ na obiad, mięso czy rybę?
   – _____ rybę.
3. – Aneta, czy _____ mi pomóc?
   – Przykro mi, nie mam czasu, muszę już iść.
4. – Jak ona może jeść tylko hamburgery i frytki?
   – Ja też myślę, że ona _____ jeść więcej warzyw i owoców, jeżeli chce być zdrowa!
5. – Czy _____ pani coś zjeść?
   – Dziękuję, nie jestem głodna, _____ się tylko czegoś napić.

> móc
> chcieć
> musieć

# 57 | W kawiarni

*syntax*

### A  Look at the picture and complete the questions with the correct word from the box.

| Co | Czy | Czy | Czy |
|----|-----|-----|-----|
| ~~Gdzie~~ | Ile | Kto | O |

1. __Gdzie__ one się spotykają?
2. _____ kobiet siedzi przy stoliku?
3. _____ stoi obok?
4. _____ one piją?
5. _____ czym one rozmawiają?
6. _____ one siedzą w kinie?
7. _____ one coś jedzą?
8. _____ one jedzą obiad?

### B  Complete these answers to the questions from exercise A with the words from the box in the correct grammatical form.

1. One spotykają się w ___kawiarni___.
2. Przy stoliku siedzą dwie _____.
3. Obok stoi _____.
4. One piją _____.
5. One rozmawiają o _____.
6. Nie, one nie _____.
7. Nie, one nic nie _____.
8. Nie, one nie _____.

| |
|---|
| jeść |
| jeść obiad |
| ~~kawiarnia~~ |
| kelner |
| kobieta |
| pogoda |
| siedzieć w kinie |
| woda mineralna |

### ! Did you know?
In the Polish language there is multiple (double, triple and sometimes even quadruple) negation.

Compare:
**Nie** rozumiem.                **Nikt niczego nie** rozumie.
**Nikt nie** rozumie gramatyki.  **Nikt nigdy niczego nie** rozumie.

GRAMATYKA 1

# 58 | Czy umiesz grać w pokera?

conjugation of verbs in the present tense

**Complete the sentences with the appropriate verb (*umieć*, *wiedzieć* or *znać*) in the correct form of the present tense.**

1. – Czy ___umieją___ państwo grać w brydża?
   – Tak, ___umiemy___ i bardzo lubimy.

2. – Czy _____ty, gdzie on mieszka?
   – Niestety, nie _____. Nie _____ jego adresu.

3. – Czy twoja siostra _____ jakiś język obcy?
   – Tak, _____ bardzo dobrze niemiecki i włoski.
   – A czy _____ obsługiwać komputer?
   – Myślę, że tak.

4. – Co _____wy o nowym chłopaku Ewy?
   – _____my tylko, że jest miły i _____ bardzo dobrze gotować – byliśmy u nich na kolacji.

5. – Czy _____ty, która godzina?
   – Nie _____, nie mam zegarka.

6. – Czy _____wy Szczecin?
   – Tak, _____ bardzo dobrze. Mieszkaliśmy tam kilka lat.

7. Nie _____ja jeździć na nartach i nie _____, czy się kiedyś nauczę.

8. – Jakie języki pan _____?
   – Mówię dobrze po angielsku i _____ trochę niemiecki.

9. – Czy _____ty, jak się robi pierogi?
   – Nie mam pojęcia. Ja w ogóle nie _____ gotować.

10. – Czy _____wy, kto to jest?
    – Nie, nie _____my jej. Może to nowa sekretarka?

| umieć |
| wiedzieć |
| znać |

# 59 Brać czy wziąć?

*aspectual pairs – irregular forms*

**Form aspectual pairs using the verbs from the box.**

| kupić | obejrzeć | odpocząć | pomóc | powiedzieć | ~~pójść~~ |
| przygotować | spotkać (się) | ubrać (się) | umówić (się) | | wstać |
| | wyjść | wziąć | zacząć | zaprosić | zobaczyć |

| 1 | iść | *pójść* |
|---|---|---|
| 2 | kupować | |
| 3 | przygotowywać | |
| 4 | zapraszać | |
| 5 | widzieć | |
| 6 | brać | |
| 7 | mówić | |
| 8 | wstawać | |
| 9 | ubierać (się) | |
| 10 | zaczynać | |
| 11 | pomagać | |
| 12 | odpoczywać | |
| 13 | wychodzić | |
| 14 | umawiać (się) | |
| 15 | spotykać (się) | |
| 16 | oglądać | |

> **Did you know?**
> Some perfective verbs are created in an irregular way. In such cases the perfective verb is still created from the imperfective verb form but consonant or vowel changes occur in the root of the verb, e.g. *spotykać się – spotkać się, ubierać się – ubrać się, zaczynać – zacząć*.
>
> Sometimes the perfective verb is a completely different word from the imperfective verb, e.g. *brać – wziąć, mówić – powiedzieć*.
>
> Same verbs have no perfective aspect, e.g. *być, mieszkać, pracować, studiować, spać*.
>
> ☺ Therefore it is best to learn aspectual pairs by heart!

# 60 | Urlop

declension of nouns

**Guess the words and then put them into the crossword in the correct grammatical form.**

|   |   | ¹G | Ó | ²R | Y |   | ³  | ⁴O |   | U |
|---|---|---|---|---|---|---|---|---|---|---|
|   |   |   |   | Ę |   |   |   |   |   |   |
| ⁵ |   | O |   |   | E |   | ⁶ | A |   | A |
|   |   |   |   |   |   |   |   |   |   |   |
|   | A |   |   |   |   | ⁷ |   | A |   | Ó |
|   |   |   |   |   | I |   |   |   |   |   |
|   | A |   |   | ⁸ |   | O | ⁹ |   | I | U | ¹⁰ |
|   |   | ¹¹ |   |   |   |   | O |   | E |   | O |
| ¹² |   | I |   |   | Ę |   |   |   |   |   |   |
|   |   |   |   |   |   |   | O |   |   |   |   |
|   |   |   |   |   |   |   |   | ¹³ |   |   | E |
|   |   | ¹⁴U |   |   | O |   | I | E |   |   |   |
|   |   |   |   |   |   |   | E |   |   |   |   |

GRAMATYKA 1

**Poziomo:** →

1. Może pojedziemy w _____*góry*_____ ? W Tatry albo Bieszczady?
3. Leżymy na kolorowym, dużym _____ i opalamy się.
5. Kraków? Warszawa? Gdańsk? Nigdy nie byłem na urlopie w _____ .
6. Na Mazurach do pływania po jeziorach potrzebny jest _____ .
7. _____ to stare miasto w Polsce, które kiedyś było stolicą Polski.
8. Muszę kupić nowy _____ kąpielowy.
12. Na plaży dzieci grały w _____ .
13. Masz _____ do opalania? Z filtrem?
14. Latem nie pracuję, mam wolne; jestem na _____ .

**Pionowo:** ↓

2. Chcę wziąć prysznic. Gdzie jest mój _____ ? – Wisi w łazience.
4. _____ się i długie leżenie na słońcu są niezdrowe.
5. Nad morzem była piękna, szeroka _____ z białym piaskiem i palmami.
9. Moja babcia urodziła się w _____ . To miasto niedaleko Gdańska.
10. W tym roku byliśmy latem nad _____ , nad Bałtykiem.
11. W tym roku jedziemy do Włoch w _____ albo w sierpniu.

# 61 Lecisz do Berlina?

declension of city names

**Put in the accusative and the locative singular or plural forms of the nouns and adjectives.**

| | MIASTA | JADĘ / LECĘ DO… + GEN | JESTEM W… + LOC |
|---|---|---|---|
| 1 | Ateny (pl) | *do Aten* | *w Atenach* |
| 2 | Berlin | do | w |
| 3 | Boston | do | w |
| 4 | Bratysława | do | w |
| 5 | Bruksela | do | w |
| 6 | Frankfurt | do | we |
| 7 | Gdańsk | do | w |
| 8 | Hamburg | do | w |
| 9 | Helsinki (pl) | do | w |
| 10 | Katowice (pl) | do | w |
| 11 | Kopenhaga | do | w |
| 12 | Kraków | do | w |
| 13 | Lizbona | do | w |
| 14 | Londyn | do | w |
| 15 | Łódź | do | w |
| 16 | Madryt | do | w |
| 17 | Mińsk | do | w |
| 18 | Monachium | do | w |
| 19 | Moskwa | do | w |

| | | | |
|---|---|---|---|
| 20 | Neapol | do | w |
| 21 | Nowy Jork | do | w |
| 22 | Nowy Sącz | do | w |
| 23 | Oslo | do | w |
| 24 | Paryż | do | w |
| 25 | Petersburg | do | w |
| 26 | Poznań | do | w |
| 27 | Praga | do | w |
| 28 | Rzym | do | w |
| 29 | Sofia | do | w |
| 30 | Sopot | do | w |
| 31 | Szczecin | do | w |
| 32 | Tokio | do | w |
| 33 | Toronto | do | w |
| 34 | Warszawa | do | w |
| 35 | Waszyngton | do | w |
| 36 | Wiedeń | do | w |
| 37 | Wilno | do | w |
| 38 | Wrocław | do | we |
| 39 | Zakopane (adj) | do | w |
| 40 | Zielona Góra | do | w |

> **Did you know?**
> A lot of city names which are masculine take the ending **-a** in the genitive singular.
>
> A few city names which end in **-um** (e.g. *Monachium, Bochum*) do not decline in the singular.
>
> City names ending in **-o** decline in the same way as normal neuter nouns if they are Polish names or Polish versions of foreign names (e.g. *Opoczno, Wilno*) but they do not decline if they are foreign names (e.g. *Oslo, Toronto, Palermo*).
>
> The name *Zakopane* declines like an adjective and has an irregular locative form: *Zakopanem*.

# 62 Idziesz z nami? Idę!

conjugation of irregular verbs in the present tense

**Put in the missing verb forms in the present tense.**

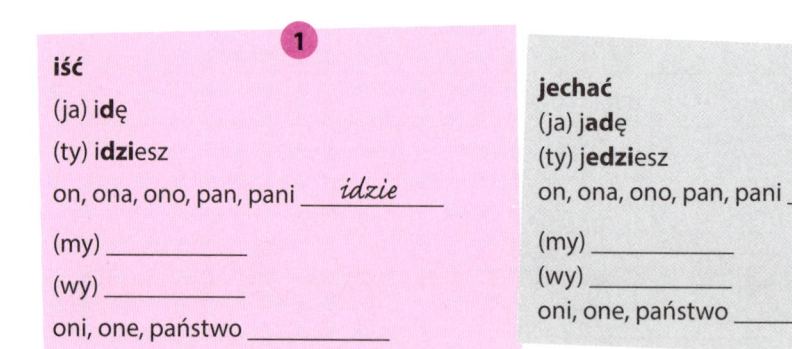

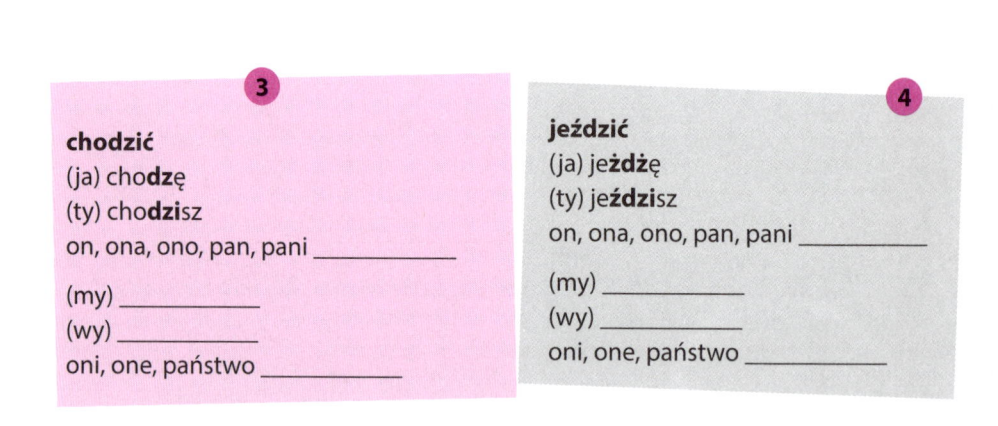

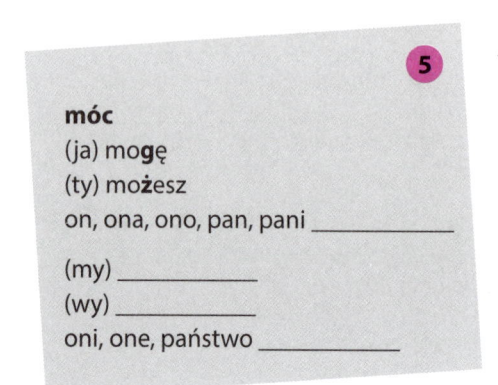

**1**

**iść**
(ja) i**dę**
(ty) i**dzi**esz
on, ona, ono, pan, pani _idzie_
(my) _____
(wy) _____
oni, one, państwo _____

**2**

**jechać**
(ja) j**adę**
(ty) j**edzi**esz
on, ona, ono, pan, pani _____
(my) _____
(wy) _____
oni, one, państwo _____

**3**

**chodzić**
(ja) cho**dzę**
(ty) cho**dzi**sz
on, ona, ono, pan, pani _____
(my) _____
(wy) _____
oni, one, państwo _____

**4**

**jeździć**
(ja) je**żdżę**
(ty) je**ździ**sz
on, ona, ono, pan, pani _____
(my) _____
(wy) _____
oni, one, państwo _____

**5**

**móc**
(ja) mo**gę**
(ty) mo**ż**esz
on, ona, ono, pan, pani _____
(my) _____
(wy) _____
oni, one, państwo _____

**6**

**musieć**
(ja) mu**szę**
(ty) mu**si**sz
on, ona, ono, pan, pani _____
(my) _____
(wy) _____
oni, one, państwo _____

**7**

**myśleć**
(ja) myśl**ę**
(ty) myś**li**sz
on, ona, ono, pan, pan _____
(my) _____
(wy) _____
oni, one, państwo _____

**8**

**brać**
(ja) b**ior**ę
(ty) b**ierz**esz
on, ona, ono, pan, pani _____
(my) _____
(wy) _____
oni, one, państwo _____

**9**

**lecieć**
(ja) lec**ę**
(ty) le**ci**sz
on, ona, ono, pan, pani _____
(my) _____
(wy) _____
oni, one, państwo _____

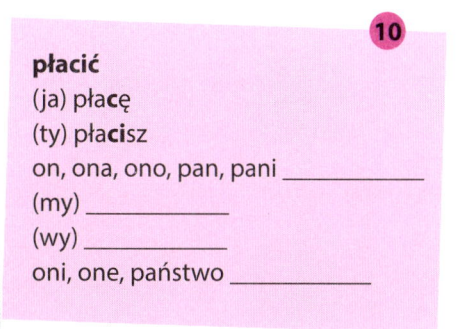

**10**

**płacić**
(ja) pła**c**ę
(ty) pła**ci**sz
on, ona, ono, pan, pani _____
(my) _____
(wy) _____
oni, one, państwo _____

**! Did you know?**
Irregular verbs are in a way… regular.

They belong to the conjugation group -ę, -sz and they have consonant changes and sometimes vowel changes in the root of the verb in the 1st person and 2nd person. These are always the same pairs of consonants and vowels, e.g. *r:rz, o:e* (*biorę, bierzesz*), *d:dzi, a:e* (*jadę, jedziesz*), *g:ż* (*mogę, możesz*) and they create a certain pattern:
**The root of the verb in the 1st person singular and the 3rd person plural is the same; as for the rest of the persons the root is the same as in the 2nd person singular!**
By remembering about this and learning just the first two forms by heart you can conjugate the verb for all persons.
Compare:
brać – b**ior**ę, b**ierz**esz, b**ierz**e, b**ierz**emy, b**ierz**ecie, b**ior**ą
jechać – j**ad**ę, j**edzi**esz, j**edzi**e, j**edzi**emy, j**edzi**ecie, j**ad**ą
móc – mo**g**ę, mo**ż**esz, mo**ż**e, mo**ż**emy, mo**ż**ecie, mo**g**ą

There are a couple of verbs which do not have a change in the root, e.g. *pisać* and *chcieć*.

Compare:
pisać – pi**sz**ę, pi**sz**esz, pi**sz**e, pi**sz**emy, pi**sz**ecie, pi**sz**ą
chcieć – ch**c**ę, ch**c**esz, ch**c**e, ch**c**emy, ch**c**ecie, ch**c**ą

# 63 Zawsze może być gorzej ;-)

*comparative adverbs*

**Complete the sentences with the comparative form of the adverb.**

1. Który język znasz _____lepiej_____, angielski czy niemiecki? dobrze
2. Co lubicie _____, koszykówkę czy siatkówkę? bardzo
3. Dziś czuję się _____ niż wczoraj. źle
4. Siedzieliśmy nad tym projektem _____ niż myśleliśmy. długo
5. Jutro rodzice muszą wstać _____ niż zwykle, bo mają samolot o 6.00 rano. wcześnie
6. Babcia umie _____ opowiadać bajki niż dziadek. ciekawie
7. Przepraszam, ale przyjdę trochę _____. późno
8. Jest nam coraz _____ rozmawiać ze sobą. trudno
9. Czy może pan mówić _____? głośno
10. Proszę mówić _____! wolno
11. On opowiada _____ niż ona. interesująco

### Did you know?

There are a couple of adverbs whose comparative (and also superlative) form is created in an irregular or descriptive way, e.g.

**See also:** the grammar box in exercise 8

dobrze – lepiej
źle – gorzej
mało – mniej  
dużo – więcej

interesująco – bardziej / mniej interesująco
elegancko – bardziej / mniej elegancko

# 64 Ubrania

**declension of nouns**

**Guess the words, put them into the crossword in the correct grammatical form and see what the mystery word is.**

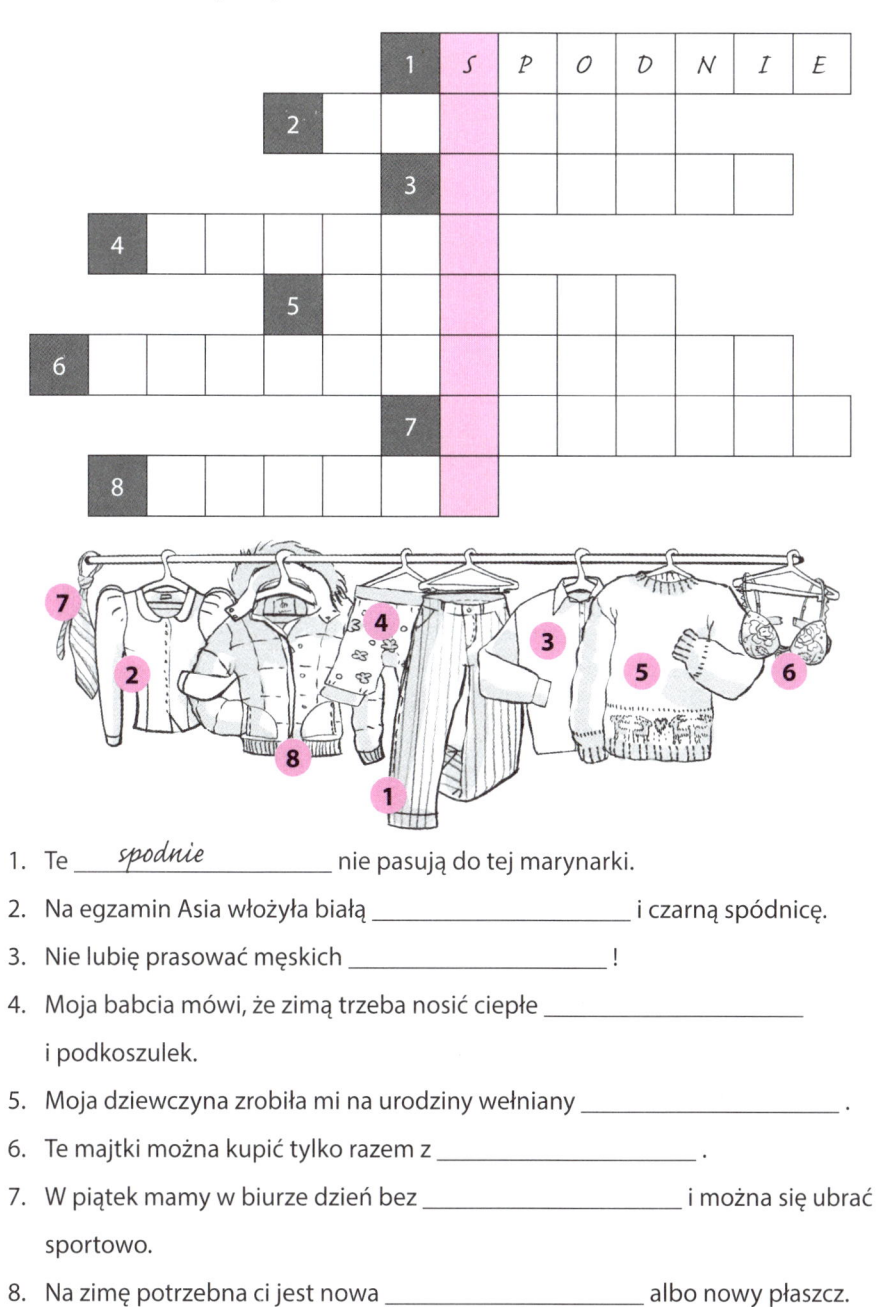

1. S P O D N I E

1. Te ___spodnie___ nie pasują do tej marynarki.
2. Na egzamin Asia włożyła białą _____ i czarną spódnicę.
3. Nie lubię prasować męskich _____ !
4. Moja babcia mówi, że zimą trzeba nosić ciepłe _____ i podkoszulek.
5. Moja dziewczyna zrobiła mi na urodziny wełniany _____ .
6. Te majtki można kupić tylko razem z _____ .
7. W piątek mamy w biurze dzień bez _____ i można się ubrać sportowo.
8. Na zimę potrzebna ci jest nowa _____ albo nowy płaszcz.

GRAMATYKA 1

# 65 Lubię jogurt, nie lubię mleka

*the accusative and the genitive singular*

**Put in the accusative and the genitive singular forms of the nouns and adjectives.**

|    | TO JEST… + NOM     | LUBIĘ… + ACC    | NIE LUBIĘ… + GEN      |
|----|--------------------|-----------------|-----------------------|
| 1  | sok pomidorowy     | sok pomidorowy  | soku pomidorowego     |
| 2  | zupa ogórkowa      |                 |                       |
| 3  | kawa rozpuszczalna |                 |                       |
| 4  | kiszona kapusta    |                 |                       |
| 5  | ciepłe mleko       |                 |                       |
| 6  | jogurt truskawkowy |                 |                       |
| 7  | mleczna czekolada  |                 |                       |
| 8  | ciemny chleb       |                 |                       |
| 9  | gorzka herbata     |                 |                       |
| 10 | nowa sąsiadka      |                 |                       |
| 11 | nasza trenerka     |                 |                       |
| 12 | moja ciocia        |                 |                       |
| 13 | twój sąsiad        |                 |                       |
| 14 | wasz kot           |                 |                       |
| 15 | nasz trener        |                 |                       |

**! Did you know?**
An object in the accusative automatically changes into the genitive in a negative sentence.
Compare:
Lubię sok pomidorowy. – Nie lubię soku pomidorowego.
Jemy kiszoną kapustę. – Nie jemy kiszonej kapusty.
Ola pije ciepłe mleko. – Ola nie pije ciepłego mleka.

The adjective usually comes **before** the noun but when it defines the kind or type of the noun, it comes **afterwards**.
Compare:
smaczna zupa – zupa grzybowa, szybki pociąg – pociąg pospieszny, słodki sok – sok pomarańczowy, głośna muzyka – muzyka klasyczna

# 66 | Za kanapą w rogu
*prepositional phrases describing position*

**Look at the picture and answer the questions using the highlighted prepositions and nouns.**

| | | |
|---|---|---|
| 1. Gdzie stoi fioletowy fotel? | *pod oknem* | pod, okno |
| 2. Gdzie stoi biurko? | | obok, sofa |
| 3. Gdzie jest lampka? | | nad, biurko |
| 4. Gdzie siedzi dziecko? | | przy, biurko |
| 5. Gdzie stoi telewizor? | | w, róg |
| 6. Gdzie leży książka? | | na, kanapa |
| 7. Gdzie leży dywan? | | na, podłoga |
| 8. Gdzie leży pies? | | koło, szafa |
| 9. Gdzie siedzi kot? | | na, szafa |
| 10. Gdzie stoi juka? | | na, okno |
| 11. Gdzie leżą okulary? | | między, książki |
| 12. Gdzie stoi szary fotel? | | przed, telewizor |

**Did you know?**
Prepositions combine with different cases.
The ones which are used most often to describe the position of something are: *nad, pod, za, przed, między* (+ INSTR); *obok, koło* (+ GEN); *na, w, przy* (+ LOC).

Each preposition can also combine with another case, but with a change in meaning, e.g. the prepositions *nad, pod, za, przed, między, na* can also combine with the Accusative but then they describe the movement and not the position.
Compare:
Ojciec stoi przed domem. (INSTR) – Ojciec wyszedł przed dom. (ACC)

# 67 Jesteś chory?

*declension and conjugation*

**Complete the sentences with the missing words and put them into the crossword. What's the mystery word?**

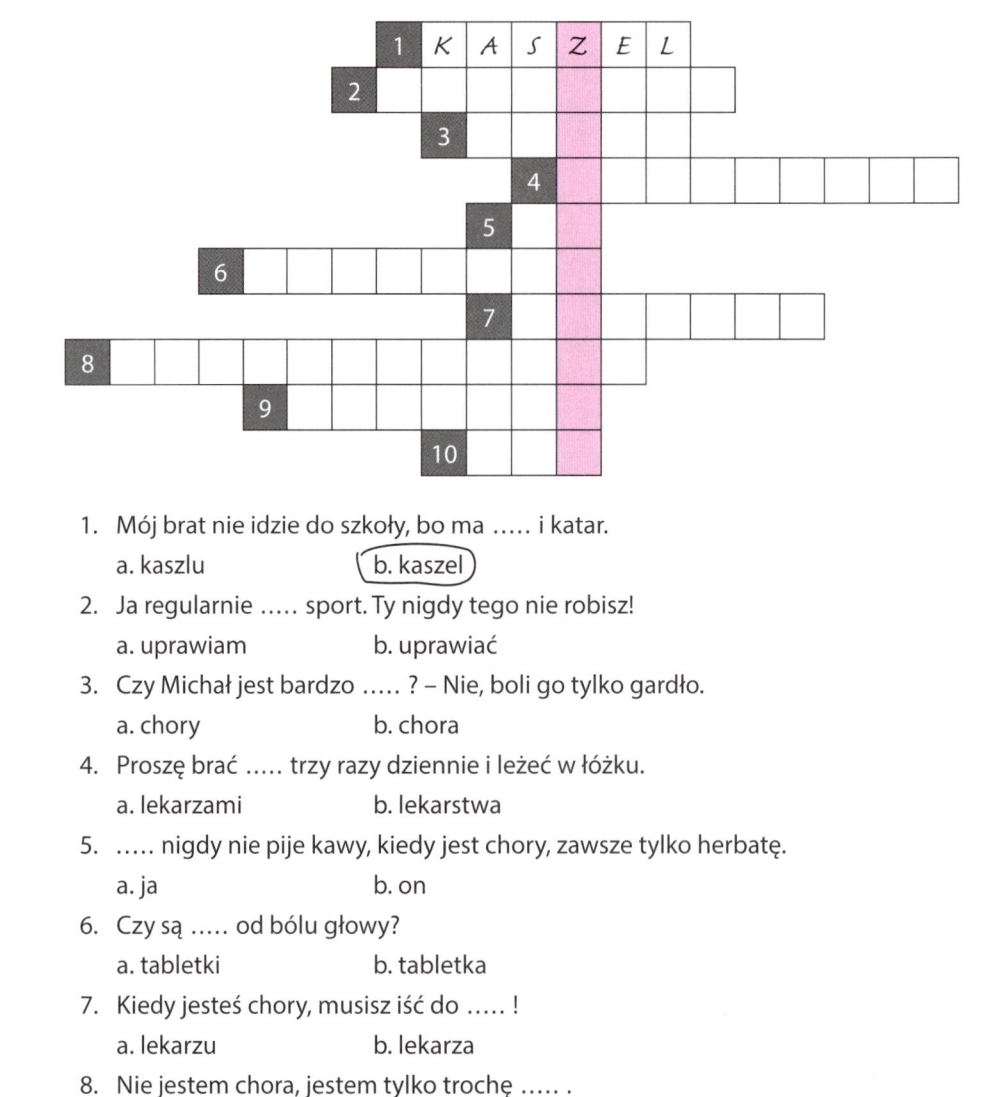

|   | 1 | K | A | S | Z | E | L |   |   |   |
|---|---|---|---|---|---|---|---|---|---|---|

1. Mój brat nie idzie do szkoły, bo ma ..... i katar.
   a. kaszlu          b. kaszel *(circled)*
2. Ja regularnie ..... sport. Ty nigdy tego nie robisz!
   a. uprawiam          b. uprawiać
3. Czy Michał jest bardzo ..... ? – Nie, boli go tylko gardło.
   a. chory          b. chora
4. Proszę brać ..... trzy razy dziennie i leżeć w łóżku.
   a. lekarzami          b. lekarstwa
5. ..... nigdy nie pije kawy, kiedy jest chory, zawsze tylko herbatę.
   a. ja          b. on
6. Czy są ..... od bólu głowy?
   a. tabletki          b. tabletka
7. Kiedy jesteś chory, musisz iść do ..... !
   a. lekarzu          b. lekarza
8. Nie jestem chora, jestem tylko trochę ..... .
   a. przeziębiona          b. przeziębiony
9. Nie uprawiam sportu regularnie, ale ..... biegam w parku.
   a. czasu          b. czasami
10. Czy pan się ..... czuje? – Tak, bardzo boli mnie głowa.
    a. źle          b. zły

86 GRAMATYKA 1

# 68 Nasz kot leży na stole

the verb and the noun in a sentence

**Match up the two halves of the sentences.**

### A

1. Oglądam telewizję razem z moim
2. Po lewej stronie stoi regał z
3. Nasz pies leży pod
4. Koleżanka stoi przed naszą
5. Myślę, że ona jest
6. Wiesz, ile lat ma
7. Proszę iść prosto, a potem skręcić w
8. Piszę to ćwiczenie
9. Pan Schmidt pyta o
10. Dzisiaj nie ma

a. drogę do hotelu.
b. Marzeny.
c. szkołą.
d. starą kanapą.
e. prawo!
f. nasz nauczyciel?
g. chora.
h. ulubionym długopisem.
i. kolegą.
j. dokumentami i książkami.

### B

1. Mieszkam razem
2. Kocham
3. Lampa wisi
4. Myślę, że to ćwiczenie jest
5. Łazienka jest po
6. Mamy ładny dom z
7. Musisz jechać
8. Jestem chora, mam katar
9. Już 15 minut czekam na tramwaj
10. Pani Wiśniewska rozmawia z moją

a. ciekawe, ale trudne.
b. tramwajem numer 93.
c. numer 13.
d. z moją polską koleżanką.
e. mamą.
f. nad stołem.
g. Justynę!
h. lewej stronie, a toaleta po prawej.
i. dużym ogrodem.
j. i kaszel.

# 69 | Która godzina? (2)

*declension of cardinal and ordinal numbers*

**Match each clock with the time that it shows. Then write the missing numbers.**

a. jest kwadrans po  *dwudziestej pierwszej*

b. jest pięć po _____

c. jest wpół do _____

d. jest pięć po wpół do _____

e. jest za _____ druga

f. jest za pięć _____

g. jest _____ (zero zero)

h. jest _____ po szóstej

i. jest za pięć wpół do _____

j. jest dziesięć po _____

# 70 | Gdzie są moje okulary?

prepositional phrases describing position

**Look at the picture and then write where Hilary Nowak's things are.**

Pan Hilary Nowak pyta:

1. Gdzie są moje skarpetki?
2. Gdzie jest moja gazeta?
3. Gdzie jest moja kanapka do pracy?
4. Gdzie jest mój telefon komórkowy?
5. Gdzie jest moja teczka?
6. Gdzie są moje papiery i dokumenty?
7. Gdzie są moje pieniądze?
8. Gdzie jest mój parasol?
9. Gdzie są moje okulary?
10. Gdzie jest mój krawat?
11. Gdzie jest mój kubek?
12. Gdzie jest moja czapka?

Pani Ada Nowak odpowiada:

Tam, _na stole_ .
Tam, _____ .
Tam, _____ .
Tam, _____ .
Tam, _____ .
Tam, _____ .
Tam, _____ .
Tam, _____ .
Tam, _____ .
Tam, _____ .
Tam, _____ .
Tam, _____ .

# Słowniczek

adj – adjective
adv – adverb
conj – conjunction
fem – feminine
masc – masculine
neut – neuter
num – number
imp – imperfective
part – participle
particle – particle
perf – perfective
pl – plural
pron – pronoun

| JĘZYK POLSKI | | ENGLISH | DEUTSCH |
|---|---|---|---|
| **A** | | | |
| a | conj | and, whereas | und |
| adres | masc | address | Adresse |
| aktor | masc | actor | Schauspieler |
| aktorka | fem | actress | Schauspielerin |
| Albania | fem | Albania | Albanien |
| ale | conj | but | aber |
| Alpy | pl | the Alps | Alpen |
| ambitny,-a,-e | adj | ambitious | ambitioniert, ehrgeizig |
| Ameryka | fem | America | Amerika |
| Amerykanin | masc | American man | Amerikaner |
| Amerykanka | fem | American woman | Amerikanerin |
| amerykański,-a,-ie | adj | American | amerikanisch |
| ananas | masc | pineapple | Ananas |
| Andora | fem | Andorra | Andorra |
| Angielka | fem | Englishwoman | Engländerin |
| angielski,-a,-ie | adj | English | englisch |
| Anglia | fem | England | England |
| Anglik | masc | Englishman | Engländer |
| ani raz | – | not (even) once | kein einziges Mal |
| antybiotyk | masc | antibiotic | Antibiotikum |
| aparat | masc | camera | Apparat, Gerät |
| apteka | fem | pharmacy | Apotheke |
| Atlantyk | masc | the Atlantic (Ocean) | Atlantik (Atlantischer Ozean) |
| atrakcja | fem | attraction | Attraktion |
| Austria | fem | Austria | Österreich |
| autobus | masc | bus | Bus |
| autor | masc | author | Autor |
| autorka | fem | author | Autorin |
| **B** | | | |
| babcia | fem | grandma | Oma |
| bać się | imp | to be scared, to be afraid (of sth) | Angst haben |
| bagaż | masc | luggage | Gepäck |
| bajka | fem | fairy tale | Märchen |
| balkon | masc | balcony | Balkon |
| banan | masc | banana | Banane |
| bar | masc | bar | Bar |
| Barcelona | fem | Barcelona | Barcelona |
| bardziej | adv | more | mehr |
| bardziej elegancki,-a,-ie | adj | more elegant | eleganter |
| bardziej inteligentny,-a,-e | adj | more intelligent | intelligenter |
| bardziej interesująco | adv | more interestingly | interessanter |
| bardzo | adv | very | sehr |
| barszcz czerwony | masc | beetroot soup | Rote-Bete-Suppe |
| bawić się | imp | to play | spielen |
| Belgia | fem | Belgium | Belgien |
| Berlin | masc | Berlin | Berlin |
| bez | prep | without | ohne |

| Białoruś | fem | Belarus | Weißrussland, Belaruss |
|---|---|---|---|
| biały,-a,-e | adj | white | weiß |
| biegać | imp | to run | rennen, laufen |
| bigos | masc | Polish stew made of sauerkraut and meat | ein polnisches Nationalgericht aus Weißkohl, Sauerkraut und verschiedenen Fleisch- und Wurstsorten |
| bilet | masc | ticket | Fahrkarte, Eintrittskarte |
| bilet ulgowy | masc | discount ticket | ermäßigte Fahrkarte, Eintrittskarte |
| biurko | neut | desk | Schreibtisch |
| biuro | neut | office | Büro |
| blisko | adv | close, near | nah |
| bliżej | adv | closer | näher |
| blok | masc | a block of flats | Wohnblock |
| bo | conj | because | weil, denn |
| boleć | imp | to hurt | weh tun |
| Boston | masc | Boston | Boston |
| Bośnia i Hercegowina | fem | Bosnia and Herzegovina | Bosnien und Herzegowina |
| ból | masc | pain, ache | Schmerz |
| brać | imp | to take | nehmen |
| brat | masc | brother | Bruder |
| Bratysława | fem | Bratislava | Bratislava |
| Bruksela | fem | Brussels | Brüssel |
| brydż | masc | bridge (card game) | Bridge |
| brzydki,-a,-ie | adj | ugly | hässlich |
| budynek | masc | building | Gebäude |
| budzić się | imp | to wake up | aufwachen, wach werden |
| budzik | masc | alarm clock | Wecker |
| Bułgaria | fem | Bulgaria | Bulgarien |
| bułka | fem | bread roll | Brötchen |
| butelka | fem | bottle | Flasche |
| być | imp | to be | sein |
| **C** | | | |
| cały,-a,-e | adj | whole | ganz |
| cel | masc | aim, target, destination | Ziel |
| chcieć | imp | to want | wollen |
| chętnie | adv | eagerly | gern |
| chipsy | pl | crisps (BRIT), chips (US) | Chips |
| chleb | masc | bread | Brot |
| chłodno | adv | cool | kühl |
| chłodny,-a,-e | adj | cool | kühl |
| chłopak | masc | 1. boy, 2. boyfriend | 1. Junge, 2. Freund |
| chłopiec | masc | boy | Junge |
| chociaż | conj | although | obwohl |
| chodzić | imp | to walk, to go | gehen |
| chorować | imp | to be ill | krank sein |
| Chorwacja | fem | Croatia | Kroatien |
| chory,-a,-e | adj | ill, sick | krank |
| chudy,-a,-e | adj | 1. thin, 2. low-fat | 1. dünn, 2. mager |
| chwila | fem | moment | Moment, Augenblick |
| chyba | adv | perhaps | wahrscheinlich, wohl |
| ciastko | neut | biscuit, cookie | Kuchenstück, Törtchen, Keks |
| ciekawiej | adv | more interestingly | interessanter |
| ciekawy,-a,-e | adj | interesting | interessant, spannend |
| ciemny,-a,-e | adj | dark | dunkel |
| ciepło | adv | warm | warm |
| ciepły,-a,-e | adj | warm | warm |
| ciocia | fem | aunt | Tante |
| co | pron | what | was |

| | | | | |
|---|---|---|---|---|
| Co słychać? | – | | What's up? | Wie geht's? |
| codziennie | adv | | every day | täglich |
| coraz | adv | | more and more | immer (mehr, besser etc) |
| coś | pron | | something | etwas |
| córka | fem | | daughter | Tochter |
| cukier | masc | | sugar | Zucker |
| Cypr | masc | | Cyprus | Zypern |
| cytryna | fem | | lemon | Zitrone |
| czapka | fem | | hat | Mütze |
| Czarnogóra | fem | | Montenegro | Montenegro |
| czarny,-a,-e | adj | | black | schwarz |
| czas | masc | | time | Zeit |
| czasami | adv | | sometimes | manchmal |
| czasem | adv | | sometimes | manchmal |
| Czechy | pl | | the Czech Republic | Tschechien |
| czekać | imp | | to wait | warten |
| czekolada | fem | | chocolate | Schokolade |
| czekoladowy,-a,-e | adj | | chocolate | Schokoladen- |
| czerwiec | masc | | June | Juni |
| czerwony,-a,-e | adj | | red | rot |
| Cześć! | – | | 1. Hello!, 2. Bye! | 1. Hallo!, 2. Tschüss! |
| często | adv | | often | oft, häufig |
| częsty,-a,-e | adj | | often | häufig |
| człowiek | masc | | human, person | Mensch |
| czterdzieści | num | | forty | vierzig |
| czternaście | num | | fourteen | vierzehn |
| cztery | num | | four | vier |
| czterysta | num | | four hundred | vierhundert |
| czuć się | imp | | to feel | sich fühlen |
| czwartek | masc | | Thursday | Donnerstag |
| czy | conj | | 1. do you…, 2. if | 1. Signalwort in den Entscheidungsfragen, 2. ob |
| czyj,-a,-e | pron | | whose | wessen |
| czytać | imp | | to read | lesen |
| ćwiczenie | neut | | exercise | Übung |
| **D** | | | | |
| dać | perf | | to give | geben |
| daleko | adv | | far | weit (weg) |
| Dania | fem | | Denmark | Dänemark |
| dawać | imp | | to give | geben |
| demonstracja | fem | | demonstration, demo | Demonstration, Demo |
| deszcz | masc | | rain | Regen |
| deszczowo | adv | | rainy | regnerisch |
| deszczowy,-a,-e | adj | | rainy | regnerisch |
| dla | prep | | for | für |
| dlaczego | pron | | why | warum |
| dlatego | conj | | that's why, therefore | darum, deswegen |
| dlatego że | conj | | because | weil, denn |
| długi,-a,-ie | adj | | long | lang |
| długo | adv | | long | lang(e) |
| długopis | masc | | ballpoint pen | Kugelschreiber |
| dłużej | adv | | longer | länger |
| do | prep | | to, for | zu, nach |
| Do widzenia! | – | | Goodbye! | Auf Wiedersehen! |
| dobry,-a,-e | adj | | good | gut |
| dobrze | adv | | well | gut |
| dojechać | perf | | to get somewhere, to arrive | ans Ziel kommen (mit einem Fahrzeug) |

| | | | |
|---|---|---|---|
| dokąd | pron | to where | wohin |
| dokładnie | adv | exactly, accurately | genau, exakt |
| dokument | masc | document | Dokument, Papier |
| dom | masc | house | Haus |
| domowy,-a,-e | adj | home, domestic, household | Haus- |
| dostać | perf | to get, to receive | bekommen, erhalten |
| dość | adv | enough | genug |
| do środka | – | in, inside | rein |
| droga | fem | road, way | Weg |
| drogi,-a,-e | adj | 1. dear, 2. expensive | 1. lieber, 2. teuer |
| drogo | adv | at a high price, dearly, expensive | teuer |
| drugi,-a,-ie | num | the second | zweiter,-e,-es |
| drukarka | fem | printer | Drucker |
| drukować | imp | to print | drucken |
| drzewo | neut | tree | Baum |
| drzwi | pl | door | Tür |
| Dunaj | masc | Danube | Donau |
| dużo | adv | many, a lot | viel |
| duży,-a,-e | adj | big, large | groß |
| dwa | num | two | zwei |
| dwadzieścia | num | twenty | zwanzig |
| dwanaście | num | twelve | zwölf |
| dwieście | num | two hundred | zweihundert |
| dwudziesty,-a,-e | num | the twentieth | zwanzigster,-e,-es |
| dwunasty,-a,-e | num | the twelfth | zwölfter,-e,-es |
| dwupokojowy,-a,-e | adj | two-room | Zweizimmer-, Zweiraum- |
| dyktować | imp | to dictate, to impose | diktieren |
| dyrektor | masc | director, manager, principal | Direktor |
| dyskoteka | fem | disco | Disco, Diskothek |
| dywan | masc | carpet | Teppich |
| dziadek | masc | grandpa | Opa |
| dziecko | neut | child | Kind |
| dzielnica | fem | district | Bezirk, Stadtteil |
| dziennie | adv | daily | täglich |
| dzień | masc | day | Tag |
| dziesiąty,-a,-e | num | the tenth | zehnter,-e,-es |
| dziesięć | num | ten | zehn |
| dziewczyna | fem | 1. girl, 2. girlfriend | 1. Mädchen, 2. Freundin |
| dziewczynka | fem | little girl | kleines Mädchen |
| dziewięć | num | nine | neun |
| dziewięćdziesiąt | num | ninety | neunzig |
| dziewięćset | num | nine hundred | neunhundert |
| dziewiętnaście | num | nineteen | neunzehn |
| dziękować | imp | to thank | danken |
| dzisiaj | adv | today | heute |
| dzisiejszy,-a,-e | adj | contemporary, today's | heutiger,-e,-es |
| dziś | adv | today | heute |
| dzwonić | imp | 1. to call, 2. to ring | 1. anrufen, 2. klingeln |
| dżem | masc | jam | Marmelade |
| dżinsy | pl | jeans | Jeans |
| **E** | | | |
| egzamin | masc | exam | Prüfung, Examen |
| ekologiczny,-a,-e | adj | ecological | ökologisch, umweltfreundlich |
| elegancki,-a,-ie | adj | elegant | elegant |
| elegancko | adv | elegant, elegantly | elegant |
| e-mail | masc | e-mail | E-Mail |
| emerytura | fem | pension | Pension, Rente |

| | | | |
|---|---|---|---|
| esemesować, SMS-ować | imp | to text | simsen, eine SMS schreiben |
| Estonia | fem | Estonia | Estland |
| europejski,-a,-ie | adj | European | europäisch |

**F**

| | | | |
|---|---|---|---|
| fabryka | fem | factory | Fabrik |
| fajnie | adv | great, cool | super, cool |
| fajny,-a,-e | adj | great, cool | super, cool |
| fantastycznie | adv | fantastic | toll, super |
| fantastyczny,-a,-e | adj | fantastic | toll, super |
| ferie zimowe | pl | winter holidays | Winterferien |
| filharmonia | fem | philharmonic | Philharmonie |
| film | masc | film | Film |
| filologia | fem | philology | Philologie |
| Finlandia | fem | Finland | Finnland |
| fotel | masc | armchair | Sessel |
| Francja | fem | France | Frankreich |
| Frankfurt | masc | Frankfurt | Frankfurt |
| frytki | pl | chips (BRIT), fries (US) | Pommes frites |
| fryzjer | masc | hairdresser | Friseur |
| fryzjerka | fem | hairdresser | Friseurin |
| futbol | masc | soccer, football | Fußball |

**G**

| | | | |
|---|---|---|---|
| gardło | neut | throat | Hals |
| gazeta | fem | newspaper | Zeitung |
| Gdańsk | masc | Gdansk | Danzig |
| gdzie | pron | where | wo |
| głodny,-a,-e | adj | hungry | hungrig |
| głośniej | adv | louder | lauter |
| głowa | fem | head | Kopf |
| godzina | fem | hour | Stunde |
| godzinny,-a,-e | adj | hour-long | stündlich |
| gorąco | adv | hot | heiß |
| gorszy,-a,-e | adj | worse | schlechter, schlimmer |
| gorzej | adv | worse | schlechter, schlimmer |
| gorzki,-a,-ie | adj | bitter | bitter |
| gotować | imp | to cook, to boil | kochen |
| góra | fem | mountain, mount | Berg |
| góry | pl | mountains | Berge, Gebirge |
| gramatyka | fem | grammar | Grammatik |
| granica | fem | border | Grenze |
| Grecja | fem | Greece | Griechenland |
| grudzień | masc | December | Dezember |
| grypa | fem | flu | Grippe |

**H**

| | | | |
|---|---|---|---|
| Hamburg | masc | Hamburg | Hamburg |
| herbata | fem | tea | Tee |
| herbatnik | masc | biscuit | (Tee)keks, (Tee)gebäck |
| Hiszpania | fem | Spain | Spanien |
| Holandia | fem | Holland, the Netherlands | Holland |
| horror | masc | horror | Alptraum, Horror |
| hotel | masc | hotel | Hotel |

**I**

| | | | |
|---|---|---|---|
| i | conj | and | und |
| Ibiza | fem | Ibiza | Ibiza |
| ile | pron | how many, how much | wie viel |
| imieniny | pl | nameday | Namenstag |
| imię | neut | name | Vorname |
| impreza | fem | event, party | Party, Veranstaltung |

| | | | |
|---|---|---|---|
| informatyka | fem | computer science | Informatik |
| inny,-a,-e | adj | different, other | anderer,-e,-es |
| inteligentny,-a,-e | adj | intelligent | intelligent |
| interesować się | imp | to be interested in | sich interessieren für |
| interesujący,-a,-e | adj | interesting | interessant |
| inżynier | masc, fem | engineer | Ingenieur(in) |
| Irlandia | fem | Ireland | Irland |
| Islandia | fem | Iceland | Island |
| iść | imp | to go | gehen |
| **J** | | | |
| ja | pron | I | ich |
| jabłko | neut | apple | Apfel |
| jajko | neut | egg | Ei |
| jak | pron | how | wie |
| jaki,-a,-ie | pron | 1. what (what colour do you like), 2. which | 1. was für ein(e), 2. wie, 3. welcher,-e,-es |
| jakiś, jakaś, jakieś | pron | some, any | irgendeiner,-e,-es |
| japoński,-a,-ie | adj | Japanese | japanisch |
| jarzynowy,-a,-e | adj | vegetable | Gemüse- |
| jasny,-a,-e | adj | light, bright | hell, klar |
| jechać | imp | to drive, to go | fahren |
| jeden | num | one | eins |
| jego | pron | his | sein, -e, sein |
| jej | pron | her, hers | ihr, -e, ihr |
| jeszcze | adv | still, yet | noch |
| jeść | imp | to eat | essen |
| jeśli | conj | if | wenn, falls |
| jezioro | neut | lake | (der) See |
| Jezioro Bodeńskie | neut | Lake Constance | Bodensee |
| jeździć | imp | to drive, to go (habitually) | fahren (häufiger, oft, regelmäßig) |
| jeżeli | conj | if | wenn, falls |
| język | masc | 1. language, 2. tongue | 1. Sprache, 2. Zunge |
| joga | fem | yoga | Yoga |
| jogurt | masc | yoghurt | Jog(h)urt |
| juka | fem | yucca | Yucca(pflanze) |
| jutro | adv | tomorrow | morgen |
| już | adv | already, yet | schon |
| **K** | | | |
| kanapa | fem | sofa | Sofa |
| kanapka | fem | sandwich | belegtes Brötchen |
| kapusta | fem | cabbage | Kraut, Kohl |
| kapusta kiszona | fem | sauerkraut | Sauerkraut |
| karton | masc | cardboard, cardboard box | Karton |
| kaszel | masc | cough | Husten |
| katar | masc | catarrh, runny nose | Schnupfen |
| Katowice | pl | Katowice | Kattowitz |
| kawa | fem | coffee | Kaffee |
| kawałek | masc | piece | ein Stück |
| kawiarnia | fem | café | Café |
| kelner | masc | waiter | Kellner |
| kiedy | pron, conj | when | wann, wenn |
| kiedyś | pron | once, sometime | irgendwann |
| kilka | num | a few, a couple | ein paar, einige |
| kino | neut | cinema (BRIT), movie theater (US) | Kino |
| kiosk | masc | kiosk | Kiosk |
| klasa | fem | class, classroom | Klasse |
| klasyczny,-a,-e | adj | classic, classical | klassisch |

| | | | | |
|---|---|---|---|---|
| klient | masc | client, customer | Kunde | |
| klientka | fem | client, customer | Kundin | |
| klub | masc | club | Klub | |
| knajpa | fem | pub | Kneipe | |
| kobieta | fem | woman | Frau | |
| koc | masc | blanket | (Woll)decke | |
| kochać | imp | to love | lieben | |
| kochany,-a,-e | adj | dear, beloved | lieb | |
| kolacja | fem | supper | Abendbrot | |
| kolega | masc | colleague, friend | Kollege | |
| koleżanka | fem | colleague, friend | Kollegin | |
| kolorowy,-a,-e | adj | colourful | bunt, farbig | |
| komoda | fem | chest of drawers | Kommode | |
| komórka | fem | mobile phone | Handy | |
| koncert | masc | concert | Konzert | |
| koniec | masc | end | Ende, Schluss | |
| kończyć | imp | to end, to finish | beenden | |
| kopia | fem | copy | Kopie | |
| kopiarka | fem | photocopier | Kopierer | |
| korek | masc | 1. cork, 2. traffic jam | 1. Kork, Korken, 2. Verkehrsstau | |
| Korsyka | fem | Corsica | Korsika | |
| kosztować | imp | to cost | kosten | |
| koszykówka | fem | basketball | Basketball | |
| kot | masc | cat | Katze | |
| kotlet | masc | cutlet, chop | Kotelett | |
| kraj | masc | country | Land | |
| Kraków | masc | Cracow | Krakau | |
| krawat | masc | tie | Krawatte | |
| krem | masc | cream | Creme | |
| krótko | adv | short, briefly | kurz | |
| krzesło | neut | chair | Stuhl | |
| krzyżówka | fem | crossword | Kreuzworträtsel | |
| książka | fem | book | Buch | |
| kto | pron | who | wer | |
| ktoś | pron | someone | jemand, irgendjemand | |
| który,-a,-e | pron | which | welcher,-e,-es | |
| kubek | masc | mug | Becher | |
| kuchnia | fem | kitchen, cuisine | Küche | |
| kupić | perf | to buy | kaufen | |
| kupować | imp | to buy | kaufen | |
| kurczak | masc | chicken | Hähnchen | |
| kurs | masc | course | Kurs | |
| kuzyn | masc | cousin | Cousin | |
| kuzynka | fem | cousin | Cousine | |
| kwadrans | masc | quarter of an hour | Viertel | |
| kwaśny,-a,-e | adj | sour | sauer | |
| kwiecień | masc | April | April | |
| **L** | | | | |
| labrador | masc | Labrador (Retriever) | Labrador Retriever | |
| lampa | fem | lamp | Lampe | |
| latać | imp | to fly | fliegen | |
| latem | neut | in summer | im Sommer | |
| lato | neut | summer | Sommer | |
| lądować | imp | to land | landen | |
| lecieć | imp | to fly | fliegen | |
| lekarka | fem | doctor | Ärztin | |
| lekarstwo | neut | medicine | Arznei, Medizin | |
| lekarz | masc | doctor | Arzt | |

| | | | |
|---|---|---|---|
| lekcja | fem | lesson | Lektion, Stunde |
| lepiej | adv | better | besser |
| lepszy,-a,-e | adj | better | besser |
| letni,-a,-ie | adj | summer | Sommer-, sommerlich |
| lewy ,-a,-e | adj | left | linker,-e,-es |
| leżeć | imp | to lie (as in to lie in bed) | liegen |
| liceum | neut | high school | Oberstufe des Gymnasiums |
| liczyć | imp | to count | zählen, rechnen |
| Liechtenstein | masc | Liechtenstein | Liechtenstein |
| lipiec | masc | July | Juli |
| lista | fem | list | Liste |
| listopad | masc | November | November |
| literatura | fem | literature | Literatur |
| Litwa | fem | Lithuania | Litauen |
| Lizbona | fem | Lisbon | Lissabon |
| lody | pl | ice cream | (Speise)eis |
| Londyn | masc | London | London |
| lubić | imp | to like | mögen, gern haben |
| Luksemburg | masc | Luxemburg | Luxemburg |
| luty | masc | February | Februar |
| lżej | adv | lighter, easier | leichter, einfacher |
| **Ł** | | | |
| ładnie | adv | nice, prettily | hübsch, schön |
| ładniejszy,-a,-e | adj | prettier | hübscher, schöner |
| ładny,-a,-e | adj | pretty | hübsch, schön |
| łatwy,-a,-e | adj | easy | leicht, einfach |
| łazienka | fem | bathroom | Badezimmer |
| Łotwa | fem | Latvia | Lettland |
| Łódź | fem | Lodz | Lodz, Lodsch, 1940–1945: Litzmannstadt |
| łóżko | neut | bed | Bett |
| łyżka | fem | spoon | Löffel |
| **M** | | | |
| Macedonia | fem | Macedonia | Mazedonien, Makedonien |
| Madagaskar | masc | Madagaskar | Madagaskar |
| Madryt | masc | Madrid | Madrit |
| mail | masc | e-mail | E-Mail |
| mailować | imp | to e-mail | mailen |
| maj | masc | May | Mai |
| Majorka | fem | Majorca | Mallorca |
| makaron | masc | pasta | Nudeln, Pasta |
| malarka | fem | painter, decorator | Malerin |
| malarz | masc | painter, decorator | Maler |
| malować | imp | to paint | malen, streichen |
| malować się | imp | to put on make up | sich schminken |
| Malta | fem | Malta | Malta |
| mało | adv | little, few | wenig |
| mały,-a,-e | adj | small | klein |
| mama | fem | mum | Mutti |
| mapa | fem | map | Landkarte |
| marchewka | fem | carrot | Möhre, Karotte |
| martwić się | imp | to worry | sich sorgen, sich Sorgen machen |
| marynarka | fem | jacket | Sakko |
| marzec | masc | March | März |
| marzyć | imp | to dream | träumen |
| masło | neut | butter | Butter |
| maszyna | fem | machine | Maschine, Gerät |
| mądry,-a,-e | adj | wise | klug, weise |

| | | | | |
|---|---|---|---|---|
| mąka | | fem | flour | Mehl |
| mąż | | masc | husband | Ehemann |
| mebel | | masc | a piece of furniture | Möbelstück |
| mecz | | masc | game, match | Wettkampf, Spiel |
| melon | | masc | melon | Melone |
| Men | | masc | Main | Main |
| męski,-a,-ie | | adj | men's, masculine | männlich, masculinum |
| mężczyzna | | masc | man | Mann |
| miasto | | neut | town, city | Stadt |
| mieć | | imp | to have | haben |
| miejsce | | neut | place, space | 1. Ort, 2. Sitzplatz |
| miesiąc | | masc | month | Monat |
| mieszkać | | imp | to live | wohnen |
| mieszkanie | | neut | flat, apartment | Wohnung |
| miękki,-a,-ie | | adj | soft | weich |
| mięso | | neut | meat | Fleisch |
| mijać | | imp | pass | vorbeigehen (Raum), vergehen (Zeit) |
| miło | | adv | nice | angenehm, nett |
| miły,-a,-e | | adj | nice | nett |
| mimo to | | conj | yet, still | trotzdem |
| mimo że | | conj | despite the fact that | obwohl |
| mineralny,-a,-e | | adj | mineral | Mineral- |
| minuta | | fem | minute | Minute |
| miód | | masc | honey | Honig |
| mleczny,-a,-e | | adj | milk | Milch- |
| mleko | | neut | milk | Milch |
| młodszy,-a,-e | | adj | younger | jünger |
| młody,-a,-e | | adj | young | jung |
| mniej | | adv | less, fewer | weniger |
| mniejszy,-a,-e | | adj | smaller | kleiner |
| mnóstwo | | adv | plenty of | eine Menge (von etwas), sehr viel |
| mocno | | adv | hard | stark |
| mocny,-a,-e | | adj | strong | stark |
| modny,-a,-e | | adj | fashionable | modisch |
| Mołdawia | | fem | Moldova | Moldawien |
| Monachium | | neut | Munich | München |
| Monako | | neut | Monaco | Monaco |
| morze | | neut | sea | Meer, See (die) |
| Morze Bałtyckie, | | neut | the Baltic Sea | Ostsee |
| Morze Północne | | neut | the North Sea | Nordsee |
| Morze Śródziemne | | neut | the Mediterranean Sea | Mittelmeer |
| Moskwa | | fem | Moscow | Moskau |
| może | | particle | perhaps, maybe | vielleicht |
| można | | imp | one can | man kann, man darf |
| móc | | imp | to be able to | können |
| mój, moja, moje | | pron | my, mine | mein, -e, mein |
| mówić | | imp | to say, to tell | sagen, sprechen |
| mrożony,-a,-e | | part | frozen | eingefroren |
| msza święta | | fem | mass (service) | heilige Messe |
| musieć | | imp | to have to | müssen |
| muzyka | | fem | music | Musik |
| my | | pron | we | wir |
| myć (się) | | imp | to wash (oneself) | (sich) waschen |
| myśleć | | imp | to think | denken, meinen |
| **N** | | | | |
| na | | prep | on, for | auf |

| | | | | |
|---|---|---|---|---|
| na pewno | – | for sure | sicher | |
| na piechotę | – | on foot | zu Fuss | |
| na przykład, np. | – | for example, e.g. | zum Beispiel, z. B. | |
| Na razie! | – | See you later! | Bis dann! Bis bald! | |
| nad | prep | above | über | |
| najbardziej | adv | most | am meisten | |
| najbardziej elegancko | adv | most elegantly | am elegantesten | |
| najchętniej | adv | most eagerly | am liebsten | |
| najdalej | adv | farthest | am weitesten | |
| najdłuższy,-a,-e | adj | longest | der / die / das längste | |
| najfajniej | adv | coolest, the best | am tollsten | |
| najgorszy,-a,-e | adj | worst | der / die / das schlechteste | |
| najgorzej | adv | worst | am schlechtesten | |
| najkrócej | adv | most briefly | am kürzesten | |
| najlepiej | adv | best | am besten | |
| najlepszy,-a,-e | adj | best | der / die / das beste | |
| najłatwiejszy,-a,-e | adj | easiest | der / die / das einfachste | |
| najmądrzejszy,-a,-e | adj | smartest | der / die / das klügste | |
| najmniej | adv | least, fewest | am wenigstens | |
| najniższy,-a,-e | adj | lowest, shortest | der / die / das niedgrigste, kleinste | |
| najnowszy,-a,-e | adj | newest | der / die / das neueste | |
| najpierw | adv | first | zuerst | |
| najsilniej | adv | hardest | am stärksten | |
| najstarszy,-a,-e | adj | oldest | der / die / das älteste | |
| najszybciej | adv | fastest | am schnellsten | |
| najszybszy,-a,-e | adj | fastest | der / die / das schnellste | |
| najtaniej | adv | most cheaply | am billigsten | |
| najwięcej | adv | most | am meisten | |
| największy,-a,-e | adj | biggest | der / die / das größte | |
| najwyżej | adv | highest | am höchsten | |
| najwyższy,-a,-e | adj | highest, tallest | der / die / das höchste | |
| napić się | perf | to drink | trinken | |
| napisać | perf | to write | schreiben | |
| napiwek | masc | tip | Trinkgeld | |
| narodowy,-a,-e | adj | national | National- | |
| narta | fem | ski | Schi | |
| następny,-a,-e | ad | next | nächster,-e,-es | |
| nasz,-a,-e | pron | our, ours | unser, -e, unser | |
| naturalny,-a,-e | adj | natural | natürlich | |
| nauczyciel | masc | teacher | Lehrer | |
| nauczycielka | fem | teacher | Lehrerin | |
| nauczyć się | perf | to learn | lernen | |
| nazwisko | neut | surname, last name | Familienname, Nachname | |
| nazywać się | imp | to be called | heißen | |
| Neapol | masc | Naples | Neapel | |
| nic | pron | nothing | nichts | |
| nie | pron | no | nein, nicht | |
| niedaleko | adv | near, not far | nicht weit, unweit | |
| niedziela | fem | Sunday | Sonntag | |
| Niemcy | pl | Germany | Deutschland | |
| Niemiec | masc | German man | Deutscher | |
| niemiecki,-a,-ie | adj | German | deutsch | |
| Niemka | fem | German woman | Deutsche | |
| niestety | adv | unfortunately | leider | |
| niezbyt | adv | not too, not very | nicht zu, nicht allzu | |
| nigdy | adv | never | nie | |
| nikt | pron | nobody | niemand, keiner | |
| niski,-a,-ie | adj | short, low | niedrig | |

| | | | |
|---|---|---|---|
| niż | conj | than | als |
| noc | fem | night | Nacht |
| noga | fem | leg | Bein |
| normalnie | adv | normally | normal |
| normalny,-a,-e | adj | normal | normal |
| Norwegia | fem | Norway | Norwegen |
| notować | imp | to take notes | notieren, aufschreiben |
| Nowy Jork | masc | New York | New York |
| nowy,-a,-e | adj | new | neu |
| numer | masc | number | Nummer |

## O

| | | | |
|---|---|---|---|
| o | prep | about, at | über, von |
| obcy,-a,-e | adj | foreign, alien, unfamiliar | fremd |
| obejrzeć | perf | to watch, to look at | sich anschauen, sich ansehen |
| obiad | masc | dinner | Mittagessen |
| obok | prep | by, near, close to | neben |
| obraz | masc | picture | Bild |
| obsługiwać | imp | to operate | bedienen |
| obudzić się | perf | to wake up | aufwachen, wach werden |
| ocean | masc | ocean | Ozean |
| Ocean Spokojny | masc | the Pacific Ocean | Pazifischer Ozean |
| ochota | fem | willingness | Lust |
| oczy | pl | eyes | Augen |
| oczywiście | adv | of course, obviously | natürlich, selbstverständlich |
| od | prep | from, since | seit, von, ab |
| od czasu do czasu | – | from time to time | von Zeit zu Zeit |
| od razu | – | at once | gleich, sofort |
| odpocząć | perf | to rest | sich ausruhen, sich erholen |
| odpoczywać | imp | to rest | sich ausruhen, sich erholen |
| odpowiadać | imp | to respond, to answer | antworten |
| odpowiedzieć | perf | to respond, to answer | antworten |
| Odra | fem | the Oder River | Oder |
| odwiedzać | imp | to visit | besuchen |
| oferować | imp | to offer | anbieten |
| odwiedzić | perf | to visit | besuchen |
| oglądać | imp | to look at, to watch | sich ansehen , anschauen |
| ogórek | masc | cucumber | Gurke |
| ogród | masc | garden | Garten |
| ojciec | masc | father | Vater |
| okno | neut | window | Fenster |
| oko | neut | eye | Auge |
| około | prep | about, around | etwa |
| okulary | pl | glasses | Brille |
| oliwka | fem | olive | Olive |
| on | pron | he | er |
| ona | pron | she | sie |
| one | pron | they (non-masculine personal) | sie (Plural, Sachform) |
| oni | pron | they (masculine personal) | sie (Plural, Personalform) |
| opakowanie | neut | package | Verpackung, Packung |
| opalać się | imp | to sunbathe | sich sonnen |
| opalanie | neut | sunbathing | Sonnenbad |
| opalić się | perf | to sunbathe | sich sonnen, braun werden |
| opowiadać | imp | to talk, to tell | erzählen |
| orzech | masc | nut | Nuß |
| osiem | num | eight | acht |
| osiemdziesiąt | num | eighty | achtzig |
| osiemnaście | num | eighteen | achtzehn |
| osiemset | num | eight hundred | achthundert |

| | | | |
|---|---|---|---|
| ostatni,-a,-ie | adj | the last | der / die / das letzte |
| ostatnio | adv | recently | neulich |
| otwarty,-a,-e | adj | open | offen, geöffnet |
| otwierać | imp | to open | öffnen |
| otworzyć | perf | to open | öffnen |
| owoc | masc | fruit | Obststück |
| owoce | pl | fruits, fruit | Obst |
| owoce morza | pl | seafood | frutti di Mare |
| ósmy,-a,-e | num | eighth | der / die / das achte |
| **P** | | | |
| paczka | fem | parcel, packet, package | Paket, Schachtel, Päckchen |
| padać (deszcz, śnieg) | imp | to rain, to snow | regnen, schneien |
| palma | fem | palm tree | Palme |
| paluszki | pl | pretzel sticks | Salzstangen |
| pan | masc | Mr. | Herr |
| pani | fem | Mrs. | Frau |
| państwo | pl | Mr. and Mrs. | Herrschaften, Herr und Frau |
| państwo | neut | country | Staat |
| papier | masc | paper | Papier |
| parasol | masc | umbrella | Regenschirm |
| Paryż | masc | Paris | Paris |
| paszport | masc | passport | Reisepass |
| pasztet | masc | pâté | Pastete |
| październik | masc | October | Oktober |
| pensjonat | masc | guesthouse, pension | Pension |
| pesymista | masc | pessimist | Pessimist |
| Petersburg | masc | St. Petersburg | St. Petersburg |
| piasek | masc | sand | Sand |
| piątek | masc | Friday | Freitag |
| pić | imp | to drink | trinken |
| piec | imp | to bake, to roast | backen |
| pieniądze | pl | money | Geld |
| pierogi | pl | boiled dough pockets filled with meat, cheese or fruit | Teigtaschen gefüllt mit Fleisch, Quark mit Kartoffeln oder Obst |
| pierogi ruskie | pl | boiled dough pockets filled with cheese and potato | Teigtaschen gefüllt mit Quark mit Kartoffeln |
| pierwszy,-a,-e | num | the first | der / die / das erste |
| pies | masc | dog | Hund |
| pięć | num | five | fünf |
| pięćdziesiąt | num | fifty | fünfzig |
| pięćset | num | five hundred | fünfhundert |
| piękny,-a,-e | adj | beautiful | schön |
| piętnaście | num | fifteen | fünfzehn |
| piętro | neut | floor, level | Stockwerk, Geschoss |
| piłka | fem | ball | Ball |
| piłka nożna | fem | football (BRIT), soccer (US) | Fußball |
| pionowo | adv | vertically, down | senkrecht |
| pióro | neut | 1. feather, 2. fountain pen | 1. Feder, 2. Füller |
| pisać | imp | to write | schreiben |
| pisanie | neut | writing | Schreiben |
| pisarka | fem | writer | Schriftstellerin |
| pisarz | masc | writer | Schriftsteller |
| piwo | neut | beer | Bier |
| plaża | fem | beach | Strand |
| plecy | pl | back | Rücken |
| plus | masc | plus | Plus |
| płacić | imp | to pay | zahlen |
| pływać | imp | to swim | schwimmen |

| | | | |
|---|---|---|---|
| pływanie | neut | swimming | Schwimmen |
| po | prep | 1. after, 2. in order to | 1. nach, 2. um… zu… (holen) |
| po co | – | what for, why | wozu |
| po południu | – | in the afternoon | am Nachmittag |
| pochmurno | adv | cloudy | bewölkt |
| pochmurny,-a,-e | adj | cloudy | bewölkt |
| pochodzić | imp | to come from | herkommen, stammen |
| pociąg | masc | train | Zug |
| poczekać | perf | to wait | warten |
| poćwiczyć | perf | to exercise, to practise | üben |
| poczta | fem | post office (BRIT), mail (US) | Post |
| pod | prep | under | unter |
| podawać | imp | 1. to pass, 2. to serve | 1. reichen, 2. servieren |
| podłoga | fem | floor | Fußboden |
| podobać się | imp | to appeal to sb., to impress sb. | gefallen |
| podróż | fem | journey, trip | Reise |
| podróżować | imp | to travel | reisen |
| podstawowy,-a,-e | adj | basic | Grund- |
| pogoda | fem | weather | Wetter |
| pojechać | perf | to go | hinfahren |
| pojęcie | neut | concept, idea | Ahnung, Vorstellung |
| pokazywać | imp | to show | zeigen |
| pokój | masc | room | Zimmer |
| Polak | masc | Polish man | Pole |
| polityk | masc | politician | Politiker(in) |
| 1. Polka, 2. polka | fem | 1. Polish woman, 2. polka (dance) | 1. Polin, 2. Polka (Tanz) |
| Polska | fem | Poland | Polen |
| polski,-a,-ie | adj | Polish | polnisch |
| połowa | fem | half | Hälfte |
| południe | neut | 1. south, 2. noon | 1. Süden, 2. Mittag |
| pomagać | imp | to help | helfen |
| pomalować | perf | to paint | malen, streichen |
| pomarańcza | fem | orange | Orange |
| pomarańczowy,-a,-e | adj | orange | orange, Orangen- |
| pomidor | masc | tomato | Tomate |
| pomoc | fem | help | Hilfe |
| pomóc | perf | to help | helfen |
| poniedziałek | masc | Monday | Montag |
| ponieważ | conj | because | weil, da |
| poprosić | perf | to ask for | bitten |
| porozmawiać | perf | to talk | sprechen, sich unterhalten |
| Portugalia | fem | Portugal | Portugal |
| porządek | masc | order | Ordnung |
| potem | adv | afterwards | dann, danach |
| potrzebny,-a,-e | adj | necessary | notwenig |
| powiedzieć | perf | to say | sagen |
| powtórzyć | perf | to repeat | wiederholen |
| pozdrawiać | imp | to greet | begrüssen |
| pozdrowienia | pl | greetings, regards | Grüsse |
| Poznań | masc | Poznan | Posen |
| pożyczać | imp | 1. to lend, 2. to borrow | leihen |
| pożyczyć | perf | 1. to lend, 2. to borrow | leihen |
| pójść | perf | to go, to walk | hingehen |
| północ | fem | 1. north, 2. midnight | 1. Norden, 2. Mitternacht |
| później | adv | later | später |
| późno | adv | late | spät |
| praca | fem | work, job | Arbeit |

| | | | | |
|---|---|---|---|---|
| pracować | | imp | to work | arbeiten |
| prać | | imp | to wash | Wäsche waschen |
| Praga | | fem | Prague | Prag |
| prawie | | particle | almost, nearly | fast |
| prawy,-a,-e | | adj | right | rechter,-e,-es |
| prezent | | masc | present, gift | Geschenk |
| problem | | masc | problem | Problem |
| profesjonalnie | | adv | professionally | professionell |
| profesjonalny,-a,-e | | adj | professional | professionell |
| profesor | | fem, masc | professor | Professor, Professorin |
| program | | masc | programme, program | Programm |
| projekt | | masc | project | Projekt |
| prosić | | imp | to ask for | bitten |
| prosto | | adv | straight | geradeaus |
| prysznic | | masc | shower | Dusche |
| przecier pomidorowy | | masc | tomato puree | Tomatenmark |
| przeczytać | | perf | to read | lesen, zu Ende lesen |
| przed | | prep | 1. in front of, 2. before | vor |
| przepraszać | | imp | to apologize | sich entschuldigen |
| przerwa | | fem | break | Pause |
| przez | | prep | 1. through, 2. by, 3. for | 1. über, durch, 2. per, 3. ...lang |
| przeziębienie | | neut | cold | Erkältung |
| przeziębiony,-a,-e | | adj | having a cold | erkältet |
| przy | | prep | by, at | an |
| przyglądać się | | imp | to observe | betrachten |
| przygotować | | perf | to prepare | vorbereiten |
| przygotowywać | | imp | to prepare | vorbereiten |
| przyjaciółka | | fem | friend | Freundin |
| przyjechać | | perf | to come (by vehicle) | ankommen (mit einem Fahrzeug) |
| przyjeżdżać | | imp | to come (by vehicle) | ankommen (mit einem Fahrzeug) |
| przyjść | | perf | to come | kommen |
| przykro mi | | – | I'm sorry | tut mir leid |
| puszka | | fem | tin, can | Dose, Büchse |
| pyszny,-a,-e | | adj | delicious | köstlich |
| pytać | | imp | to ask | fragen |
| pytanie | | neut | question | Frage |
| **R** | | | | |
| randka | | fem | date | Date |
| rano | | adv | morning | am Morgen |
| raz | | masc | once | Mal, einmal |
| razem | | adv | together | zusammen |
| regał | | masc | bookshelf | Regal |
| regulamin | | masc | rules | Hausordnung |
| regularnie | | adv | regularly | regelmäßig |
| regularny,-a,-e | | adj | regular | regelmäßig |
| reguła | | fem | rule | Regel |
| ręcznik | | masc | towel | Handtuch |
| robić | | imp | to do, to make | tun, machen |
| rodzeństwo | | neut | siblings | Geschwister |
| rodzice | | pl | parents | Eltern |
| rodzina | | fem | family | Familie |
| rok | | masc | year | Jahr |
| Rosja | | fem | Russia | Russland |
| rower | | masc | bicycle | Fahrrad |
| rozebrać (się) | | perf | to undress, to take off | (sich) ausziehen |
| rozmawiać | | imp | to talk, to speak | sprechen, sich unterhalten |
| rozumieć | | imp | to understand | verstehen |

| | | | |
|---|---|---|---|
| róg | masc | corner | Ecke, Winkel |
| różny,-a,-e | adj | different | unterschiedlich |
| Rumunia | fem | Romania | Rumänien |
| ryba | fem | fish | Fisch |
| ryż | masc | rice | Reis |
| rzadko | adv | rarely | selten |
| rzeka | fem | river | Fluss |
| Rzym | masc | Rome | Rom |
| **S** | | | |
| sam,-a,-o | adj | 1. alone, 2. by myself | 1. allein, 2. selbst |
| samochód | masc | car | Wagen |
| samolot | masc | plane | Flugzeug |
| Sardynia | fem | Sardinia | Sardinien |
| sąsiad | masc | neighbour | Nachbar |
| sąsiadka | fem | neighbour | Nachbarin |
| sekretarka | fem | secretary | Sekretärin |
| ser | masc | cheese | Käse |
| Serbia | fem | Serbia | Serbien |
| serdecznie | adv | cordially, warmly | herzlich |
| serdeczny,-a,-e | adj | friendly, cordial, warm-hearted | herzlich |
| siadać | imp | to sit down | sich setzen |
| siatkówka | fem | volleyball | Volleyball |
| siedem | num | seven | sieben |
| siedemdziesiąt | num | seventy | siebzig |
| siedemnasty,-a,-e | num | seventeenth | der / die / das siebzehnte |
| siedemnaście | num | seventeen | siebzehn |
| siedemset | num | seven hundred | siebenhundert |
| siedzieć | imp | to sit | sitzen |
| sierpień | masc | August | August |
| silnie | adv | strongly | stark |
| silny,-a,-e | adj | strong | stark |
| siła | fem | power, strength | Kraft |
| siostra | fem | sister | Schwester |
| siódmy,-a,-e | num | seventh | der / die / das siebte |
| skarpetka | fem | sock | Socke |
| skąd | pron | where from | woher |
| sklep | masc | shop | Geschäft |
| skontaktować się | perf | to contact | kontaktieren, Kontakt aufnehmen |
| skończyć | perf | to finish | beenden |
| skręcić | perf | to turn | abbiegen, einbiegen |
| slawistyka | fem | Slavonic studies | Slavistik |
| słodki,-a,-ie | adj | sweet | süß |
| słonecznie | adv | sunny | sonnig |
| słoneczny,-a,-e | adj | sunny | sonnig |
| słony,-a,-e | adj | salty | salzig |
| słońce | neut | sun | Sonne |
| Słowacja | fem | Slovakia | Slowakei |
| Słowenia | fem | Slovenia | Slowenien |
| słuchać | imp | to listen to | zuhören |
| smacznie | adv | tasty | schmackhaft, lecker |
| smaczny,-a,-e | adj | tasty | lecker |
| SMS-ować | imp | to text | simsen, SMS senden |
| sofa | fem | sofa | Sofa |
| sobota | fem | Saturday | Samstag |
| sok | masc | juice | Saft |
| Sopot | masc | Sopot | Zoppot |
| sól | fem | salt | Salz |
| spacer | masc | walk | Spaziergang |

| | | | | |
|---|---|---|---|---|
| spacerować | | imp | to walk, to stroll | spazieren gehen |
| spać | | imp | to sleep | schlafen |
| spędzać | | imp | to spend | verbringen |
| spędzić | | perf | to spend | verbringen |
| spodnie | | pl | trousers (BRIT), pants (US) | Hose |
| spokojny,-a,-e | | adj | calm | ruhig |
| sport | | masc | sport | Sport |
| sportowy,-a,-e | | adj | sports | Sport-, sportlich |
| spotkać się | | perf | to meet with, to go out with | (sich) treffen |
| spotkanie | | neut | meeting | Treffen |
| spotykać się | | imp | to meet with, to go out with | sich treffen |
| sprzątać | | imp | to clean | aufräumen |
| sprzedawać | | imp | to sell | verkaufen |
| stacjonarny (telefon) | | adj | landline (telephone) | Festnetztelefon, Festnetzanschluss |
| stać | | imp | to stand | stehen |
| stadion | | masc | stadium | Stadion |
| Stany Zjednoczone | | pl | the United States | Vereinigte Staaten |
| starszy,-a,-e | | adj | older | älter |
| stary,-a,-e | | adj | old | alt |
| sto | | num | hundred | hundert |
| stolica | | fem | capital | Hauptstadt |
| stolik | | masc | table | 1. kleiner Tisch, 2. Tisch im Restaurant |
| stopień | | masc | 1. degree, 2. step | 1. Grad, 2. Stufe |
| stół | | masc | table | Tisch |
| strasznie | | adv | terribly | schrecklich |
| straszny,-a,-e | | adj | terrible, frightening | schrecklich |
| student | | masc | student | Student |
| studentka | | fem | student | Studentin |
| studia | | pl | studies | Studium |
| studiować | | imp | to study | studieren |
| styczeń | | masc | January | Januar |
| sukienka | | fem | dress | Kleid |
| suszony,-a,-e | | part | dried | trocken, getrocknet |
| swój, swoja, swoje | | pron | one's (own), general word for: my, your, his, her, its, our, their | eigen |
| Sycylia | | fem | Sicily | Sizilien |
| sympatycznie | | adv | nicely, in a friendly way | sympathisch |
| sympatyczny,-a,-e | | adj | nice, friendly | sympathisch |
| syn | | masc | son | Sohn |
| syrop | | masc | syrup | Hustensaft |
| szafa | | fem | wardrobe | Schrank |
| szampan | | masc | champagne | Sekt, Champagner |
| Szczecin | | masc | Szczecin | Stettin |
| szczęśliwy,-a,-e | | adj | happy | glücklich |
| szczupły,-a,-e | | adj | slim | schlank |
| szczyt | | masc | summit, peak | Gipfel |
| szef | | masc | boss | Chef |
| szeroki,-a,-ie | | adj | wide | breit |
| szerszy,-a,-e | | adj | wider | breiter |
| szesnasty,-a,-e | | num | sixteenth | der / die / das sechzehnte |
| szesnaście | | num | sixteen | sechzehn |
| sześć | | num | six | sechs |
| sześćdziesiąt | | num | sixty | sechzig |
| sześćset | | num | six hundred | sechshundert |
| szkoła | | fem | school | Schule |
| szósty | | num | sixth | der / die / das sechste |
| szpital | | masc | hospital | Krankenhaus |
| szpinak | | masc | spinach | Spinat |

| | | | |
|---|---|---|---|
| Szprewa | fem | Spree | Spree |
| sztuka | fem | art | Kunst |
| szukać | imp | to seek, to look for | suchen |
| Szwajcaria | fem | Switzerland | Schweiz |
| Szwecja | fem | Sweden | Schweden |
| szybki,-a,-ie | adj | quick, fast | schnell |
| szybko | adv | quickly | schnell |
| szybszy,-a,-e | adj | faster | schnellere |
| szyć | imp | to sew | nähen |
| **Ś** | | | |
| ślub | masc | wedding | Trauung |
| śmietankowy,-a,-e | adj | cream | Sahne- |
| śniadanie | neut | breakfast | Frühstück |
| śnieg | masc | snow | Schnee |
| śpiewać | imp | to sing | singen |
| środa | fem | Wednesday | Mittwoch |
| świat | masc | world | Welt |
| świecić | imp | to shine, to light | scheinen |
| świetnie | adv | excellent, great | super, toll, ausgezeichnet |
| świetny,-a,-e | adj | excellent, great | super, toll, ausgezeichnet |
| święto | neut | holiday | Feiertag, Fest |
| **T** | | | |
| tabletka | fem | tablet | Tablette |
| tak | pron | yes, so, like this / that | ja |
| tani,-ia,-ie | adj | cheap | billig |
| tanio | adv | cheaply | billig |
| tańczyć | imp | to dance | tanzen |
| tata | masc | dad | Vati, Papa |
| teatr | masc | theatre | Theater |
| teczka | fem | briefcase | Tasche |
| tekst | masc | text | Text |
| telefon | masc | telephone | Telefon |
| telefon komórkowy | masc | mobile phone | Mobiltelefon, Handy |
| telewizja | fem | TV | Fernsehen |
| telewizor | masc | TV(set) | Fernseher |
| temperatura | fem | temperature | Temperatur |
| ten sam, ta sama, to samo | pron | the same | der / die / das selbe |
| ten, ta, to | pron | this | dieser,-e,-es |
| teraz | adv | now | jetzt |
| też | particle | too, as well, also | auch |
| tłok | masc | crowd | Menschenmenge |
| tłumacz | masc | translator | Dolmetscher, Übersetzer |
| tłumaczyć | imp | to translate | dolmetschen, übersetzen |
| toaleta | fem | toilet | Toilette |
| torba | fem | bag | Tasche, Beutel |
| torebka | fem | handbag | Handtasche, Damentasche |
| tort | masc | cake, layer cake | Torte |
| tost | masc | toast | Toast |
| tramwaj | masc | tram | Straßenbahn |
| trener | masc | coach, trainer | Trainer |
| trenerka | fem | coach, trainer | Trainerin |
| trochę | adv | a little, some | etwas, ein bisschen |
| trudniej | adv | harder (more difficult) | schwieriger, schwerer |
| trudno | adv | hard (difficult) | schwierig, schwer |
| trudny,-a,-e | adj | hard (difficult) | schwierig, schwer |
| truskawka | fem | strawberry | Erdbeere |
| trzeci,-a,-ie | num | third | der / die / das dritte |
| trzy | num | three | drei |

| | | | |
|---|---|---|---|
| trzydziesty,-a,-e | num | thirtieth | der / die / das dreißigste |
| trzydzieści | num | thirty | dreißig |
| trzynaście | num | thirteen | dreizehn |
| trzysta | num | three hundred | dreihundert |
| tu | adv | here | hier |
| Turcja | fem | Turkey | Türkei |
| turysta | masc | tourist | Tourist |
| turystyka | fem | tourism | Tourismus |
| twój, twoja, twoje | pron | your, yours | dein, -e, dein |
| ty | pron | you | du |
| tydzień | masc | week | Woche |
| tylko | particle | only, just | nur |
| tysiąc | num | thousand | tausend |
| **U** | | | |
| u | prep | at | bei |
| ubierać | imp | to dress | anziehen |
| ubierać się | imp | to get dressed | sich anziehen |
| ubrać | perf | to dress | anziehen |
| ubrać się | perf | to get dressed | sich anziehen |
| ubrany,-a,-e | part | dressed | angezogen, bekleidet |
| uczennica | fem | pupil | Schülerin |
| uczeń | masc | pupil | Schüler |
| uczyć | imp | to teach | lehren, unterrichten |
| uczyć się | imp | to learn | lernen |
| udany,-a,-e | adj | successful | gelungen |
| ugotować | perf | to cook | kochen |
| ukochany,-a,-e | adj | beloved | beliebt, geliebt |
| Ukraina | fem | Ukraine | Ukraine |
| umalować się | perf | to put on make up | sich schminken, Make-up auftragen |
| umawiać się | imp | to make an appointment | sich verabreden |
| umieć | imp | to be able to... | können (eine Fertigkeit haben) |
| umówić się | perf | to make an appointment | sich verabreden |
| umyć (się) | perf | to wash (oneself) | (sich) waschen |
| uniwersytet | masc | university | Universität |
| upiec | perf | to bake, to roast | backen |
| uprawiać | imp | to practise | treiben (Sport) |
| urlop | masc | leave, holiday | Urlaub |
| urodzić się | imp | to be born | geboren werden |
| urodziny | pl | birthday | Geburtstag |
| urodzony,-a,-e | adj | born | geboren |
| urządzenie | neut | device, equipment | Gerät |
| usiąść | perf | to sit down | sich hinsetzen |
| usłyszeć | perf | to hear | hören |
| uszka | pl | ravioli | kleine Teigtaschen, Tortellini |
| uwaga | fem | attention | 1. Achtung, 2. Aufmerksamkeit |
| **W** | | | |
| w | prep | in | in |
| w zamian | – | instead | im Tausch |
| wakacje | pl | holidays, vacation | Sommerferien |
| walizka | fem | suitcase | Koffer |
| waniliowy,-a,-e | adj | vanilla | Vanille- |
| Warszawa | fem | Warsaw | Warschau |
| warto | – | worth | es lohnt sich |
| warzywa | pl | vegetables | Gemüse |
| warzywo | neut | vegetable | Gemüse(stück) |
| Waszyngton | masc | Washington | Washington |
| ważny,-a,-e | adj | important | wichtig |
| wąski,-a,-ie | adj | narrow | schmal |

| | | | | |
|---|---|---|---|---|
| wchodzić | imp | to enter | 1. hereingehen, 2. hineingehen, 3. eintreten |
| wcześnie | adv | early | früh |
| wcześniej | adv | earlier | früher |
| wczoraj | adv | yesterday | gestern |
| weekend | masc | weekend | Wochenende |
| wejść | perf | to enter | 1. hineingehen, 2. hereingehen |
| wędlina | fem | cold meat | Wurstware, Aufschnitt |
| Węgry | pl | Hungary | Ungarn |
| wiać | imp | to blow (wind) | wehen |
| wiadomość | fem | piece of news, message | Nachricht |
| wiatr | masc | wind | Wind |
| widok | masc | view | Aussicht |
| widzieć | imp | to see | sehen |
| wieczorem | adv | in the evening | am Abend |
| wieczór | masc | evening | Abend |
| Wiedeń | masc | Vienna | Wien |
| wiedzieć | imp | to know (a fact) | wissen |
| Wielka Brytania | fem | Great Britain | Großbritannien |
| więcej | adv | more | mehr |
| większy,-a,-e | adj | bigger | größer |
| Wilno | neut | Vilnius | Vilnius, Wilna |
| wino | neut | wine | Wein |
| wisieć | imp | to hang | hängen (Zustand) |
| Wisła | fem | the Vistula River | Weichsel |
| właśnie | adv | 1. exactly, 2. just now | 1. eben, 2. gerade |
| Włochy | pl | Italy | Italien |
| włos | masc | hair | Haar |
| włoski,-a,-ie | adj | Italian | italienisch |
| woleć | imp | to prefer | bevorzugen |
| wolniej | adv | more slowly | langsamer |
| wolno | adv | slowly | langsam |
| wolno | – | one may, it is allowed | man darf, es ist erlaubt |
| wolny,-a,-e | adj | 1. slow 2. free | 1. langsam, 2. frei, nicht besetzt |
| wpół do | prep | half past… | halb (Uhrzeit) |
| wracać | imp | to come back, to return | zurückkommen, zurückkehren |
| wreszcie | adv | at last | endlich |
| Wrocław | masc | Wrocław | Breslau |
| wrócić | perf | to come back, to return | zurückkommen, zurückkehren |
| wrzesień | masc | September | September |
| wspaniały,-a,-e | adj | wonderful, splendid | wunderbar |
| współczesny,-a,-e | adj | contemporary, modern | zeitgenössisch, gegenwärtig |
| wstać | perf | to get up | aufstehen |
| wstawać | imp | to get up | aufstehen |
| wszyscy | pron | everyone | alle (Personalgruppe) |
| wszystkie | pron | all | alle (Sachgruppe) |
| wszystko | pron | everything | alles |
| wtedy | adv | then | damals, dann |
| wtorek | masc | Tuesday | Dienstag |
| wujek | masc | uncle | Onkel |
| wy | pron | you (pl) | ihr (2. Pers Pl) |
| wychodzić | imp | to leave, to go out | herausgehen |
| wycieczka | fem | trip, excursion | Ausflug, Exkursion |
| wydawać | imp | to spend (money) | ausgeben |
| wygodnie | adv | comfortably | bequem |
| wygodny,-a,-e | adj | comfortable | bequem |
| wyjeżdżać | imp | to leave, to depart | wegfahren |
| wyjść | perf | to leave, to go out | 1. hinausgehen, 2. herauskommen |

| | | | | |
|---|---|---|---|---|
| wykład | | masc | lecture | Vorlesung |
| wypić | | perf | to drink | austrinken |
| wyprać | | perf | to wash | Wäsche waschen |
| wysoki,-a,-ie | | adj | tall, high | groß, hoch |
| wysoko | | adv | high | hoch |
| wysportowany,-a,-e | | adj | athletic, fit | sportlich, fit |
| wyżej | | adv | higher | höher |
| wyższy,-a,-e | | adj | higher, taller | höher |
| wziąć | | perf | to take | nehmen |
| **Z** | | | | |
| z | | prep | 1. with, 2. from | 1. mit, 2. aus |
| za | | prep | 1. behind, 2. in (e.g. 5 minutes) | 1. hinter, 2. in (z. B. 5 Minuten) |
| zacząć | | perf | to start | beginnen, anfangen |
| zaczynać | | imp | to start | beginnen, anfangen |
| zadzwonić | | perf | to call, to ring | anrufen |
| zajęcia | | pl | classes | Unterricht |
| zajęty,-a,-e | | adj | 1. busy, 2. taken, occupied | 1. beschäftigt, 2. besetzt |
| zajmować się | | imp | to take care | sich beschäftigen |
| zakupy | | pl | shopping | Einkäufe |
| założyć | | perf | to put on | anziehen |
| zamiast | | prep | instead of | statt, anstatt |
| zamknięty,-a,-e | | part | closed | geschlossen |
| zanotować | | perf | to write down, to note | aufschreiben, notieren |
| zapłacić | | perf | to pay | bezahlen |
| zapraszać | | imp | to invite | einladen |
| zaprosić | | perf | to invite | einladen |
| zaraz | | adv | right away | gleich, sofort |
| zastanowić się | | perf | to think, to wonder | nachdenken, überlegen |
| zaśpiewać | | perf | to sing | singen |
| zatańczyć | | perf | to dance | tanzen |
| zawsze | | adv | always | immer |
| zazwyczaj | | adv | usually | gewöhnlich |
| ząb | | masc | tooth | Zahn |
| zbyt | | particle | too | zu, allzu |
| zdać | | perf | to pass (an exam) | bestehen (Prüfung) |
| zdjęcie | | neut | picture | Foto, Bild |
| zdrowy,-a,-e | | adj | healthy | gesund |
| zebranie | | neut | meeting | Versammlung |
| zegar | | masc | clock | Uhr |
| zeszły,-a,-e | | part | last | vergangen |
| zielony,-a,-e | | adj | green | grün |
| ziemniak | | masc | potato | Kartoffel |
| zima | | fem | winter | Winter |
| zimą | | fem | in winter | im Winter |
| zimno | | adv | cold | kalt |
| zimny,-a,-e | | adj | cold | kalt |
| zjeść | | perf | to eat | (auf)essen |
| złoty | | masc | zloty (Polish currency) | Zloty (die polnische Währung) |
| złoty,-a,-e | | adj | golden, gold | golden |
| zły,-a,-e | | adj | bad, angry | böse, sauer |
| zmęczony,-a,-e | | adj | tired | müde, erschöpft |
| znaczyć | | imp | to mean | bedeuten |
| znać | | imp | to know (to be acquainted with sb / sth) | kennen |
| znajoma | | fem | acquaintance | Bekannte |
| znajomy | | masc | acquaintance | Bekannter |
| znowu | | adv | again | wieder |
| znów | | adv | again | wieder |

| | | | | |
|---|---|---|---|---|
| zobaczyć | perf | to see | | sehen |
| zrobić | perf | to do, to make | | tun, machen |
| zupa | fem | soup | | Suppe |
| zupa jarzynowa | fem | vegetable soup | | Gemüsesuppe |
| zwiedzać | imp | to visit, to explore | | besichtigen |
| zwiedzić | perf | to visit, to explore | | besichtigen |
| **Ź** | | | | |
| źle | adv | 1. badly, 2. wrongly | | 1. schlecht, 2. falsch |
| **Ż** | | | | |
| że | conj | that | | dass |
| żeby | conj | in order to | | um… zu… |
| żółty,-a,-e | adj | yellow | | gelb |
| życie | neut | life | | Leben |
| żyć | imp | to live | | leben |

# Klucz

**1. Co można robić w weekend?**
1. oglądać telewizję
2. sprzątać mieszkanie
3. rano długo spać
4. spotykać się ze znajomymi
5. jeździć na rowerze
6. zwiedzać muzeum
7. spacerować po parku
8. czytać gazety
9. słuchać muzyki
10. odwiedzać rodzinę
11. uprawiać sport

**2. Lubię barszcz, szukam łyżki**
1. a, 2. a, 3. b, 4. c, 5. c, 6. c, 7. a, 8. b, 9. c, 10. a, 11. c, 12. c

**3. Jak się czujesz?**
**A.**
1. Czy twój kolega jest Niemcem?
2. Tomek jest Polakiem.
3. Czy jesteś Polką czy Niemką?
4. Znam świetnie język niemiecki i angielski.
5. Mój wujek ma na imię Andrzej.
6. On jest uczniem.
7. Jak się czujesz?
8. Która godzina?
9. Ten nauczyciel jest sympatyczny.
10. Często spotykamy się w weekend.
11. (ja) Lubię niedzielę.
12. Jest pięć po szóstej.

**B.**
1. Co słychać?
2. Dziękuję, wszystko w porządku.
3. Cześć, na razie!
4. Moja koleżanka jest chora, ma grypę.
5. Masz ochotę na herbatę z cytryną?
6. Ile kosztuje ten chleb?
7. Jeżdżę do pracy samochodem.
8. Co jemy dzisiaj na śniadanie?
9. On mieszka w Niemczech.
10. Gdzie jesteście?
11. Czy znasz Warszawę?
12. Znamy się bardzo dobrze.

**4. Moja rodzina**
**A.**
1. małe, 2. moja elegancka, 3. wysportowany, 4. starszy, 5. moja młodsza, 6. niesympatyczny, 7. moja sympatyczna, 8. wesoły, 9. moja ukochana, 10. gruby, 11. moja chuda

**B.**
5. a, 4. b, 11. c, 6. d, 8. e, 9. f, 10. g, 7. h, 1. i, 2. j, 3. k

**5. Szymek studiuje, a Ola pracuje**
**A.**
1. jest, 2. mieszka, 3. studiuje, 4. uczy się, 5. interesują, 6. podróżuje, 7. zwiedza, 8. robi, 9. mogą, 10. zajmuje się, 11. tłumaczy

**B.**
1. wstaje, 2. bierze, 3. ubiera się, 4. przygotowuje, 5. pije, 6. je, 7. siada, 8. czyta, 9. jedzie, 10. zaczyna, 11. ma, 12. wraca, 13. robi, 14. ogląda, 15. idzie

**6. Dwanaście czy dwadzieścia?**
**A.**
jedenaście, **dwanaście, trzynaście,** czternaście, **piętnaście, szesnaście,** siedemnaście, osiemnaście, **dziewiętnaście**

dziesięć, **dwadzieścia, trzydzieści,** czterdzieści, **pięćdziesiąt,** sześćdziesiąt, siedemdziesiąt, **osiemdziesiąt, dziewięćdziesiąt**

sto, **dwieście, trzysta,** czterysta, **pięćset, sześćset,** siedemset, **osiemset, dziewięćset,** tysiąc

**B.**
1. dwa**naście**
2. szes**naście**
3. dziewięt**naście**
4. st**o jeden**
5. pię**ćdziesiąt osiem**
6. dwa**dzieścia sześć**
7. sześć**dziesiąt trzy**
8. tysi**ąc jeden**
9. sześć**set pięćdziesiąt**
10. st**o trzynaście**
11. dziewię**ćdziesiąt dziewięć**
12. dziewięć**set piętnaście**
13. trzy**sta trzydzieści cztery**
14. dwie**ście siedemdziesiąt pięć**
15. tysi**ąc osiemset czterdzieści osiem**

**7. Zawody**
1. policjantem, 2. sekretarki, 3. kelnerowi, 4. prawnika, 5. inżynierem, 6. malarzem
Hasło: lekarz

**8. Nie jest najgorzej!**
1. najbardziej, 2. Najchętniej, 3. najlepiej, 4. Najkrócej, 5. najsilniej, 6. Najszybciej, 7. najmniej, 8. najwięcej, 9. najfajniej, 10. najdalej, 11. najtaniej, 12. najbardziej elegancko

**9. Jedziemy do Hiszpanii czy na Węgry?**
1. Albanii, Albanii

2. Andory, Andorze
3. Austrii, Austrii
4. Belgii, Belgii
5. Bośni i Hercegowiny, Bośni i Hercegowinie
6. Bułgarii, Bułgarii
7. Chorwacji, Chorwacji
8. Czarnogóry, Czarnogórze
9. Czech, Czechach
10. Danii, Danii
11. Estonii, Estonii
12. Finlandii, Finlandii
13. Francji, Francji
14. Grecji, Grecji
15. Hiszpanii, Hiszpanii
16. Holandii, Holandii
17. Irlandii, Irlandii
18. Liechtensteinu, Liechtensteinie
19. Luksemburga, Luksemburgu
20. Macedonii, Macedonii
21. Mołdawii, Mołdawii
22. Monako, Monako
23. Niemiec, Niemczech
24. Norwegii, Norwegii
25. Polski, Polsce
26. Portugalii, Portugalii
27. Rosji, Rosji
28. Rumunii, Rumunii
29. Serbii, Serbii
30. Słowenii, Słowenii
31. Szwajcarii, Szwajcarii
32. Szwecji, Szwecji
33. Turcji, Turcji
34. Wielkiej Brytanii, Wielkiej Brytanii
35. Włoch, Włoszech
36. Białoruś, Białorusi
37. Litwę, Litwie
38. Łotwę, Łotwie
39. Słowację, Słowacji
40. Ukrainę, Ukrainie
41. Węgry, Węgrzech

**10. Proszę całym zdaniem! (1)**
1. Co studiuje ten chłopak?
2. Co robicie dzisiaj w szkole?
3. Nie znam angielskiego.
4. Kasia pomaga mamie sprzątać.
5. Lubi pan kawę z mlekiem?
6. Z kim rozmawiasz?
7. Ania spaceruje z psem.
8. Rodzice jadą na urlop samochodem.
9. Piotrek choruje na grypę.
10. Kogo chcesz zaprosić na imprezę?
11. On jest lekarzem i pracuje w szpitalu.
12. Ewa i Ania oglądają w telewizji ciekawy film.
13. Powiedz, czego nie rozumiesz!
14. Mój brat ma dużego psa.
15. Lubię pisać piórem.
16. Czy jedziesz dziś do pracy autobusem czy rowerem?

17. Proszę butelkę mleka i 15 dag żółtego sera.
18. Ona nie może pić czerwonego wina.
19. Powiedzcie, czym się interesujecie!
20. Czy wiesz, co jest dzisiaj na obiad?

**11. Znasz tę dziewczynę?**
1. tego profesora
2. tego aktora
3. ten tekst
4. tego polityka
5. to ciastko
6. tę nauczycielkę
7. tego psa
8. tego sąsiada
9. tę dziewczynę
10. to kino
11. ten program
12. to miasto
13. tę kobietę
14. tego kota

**12. Która godzina? (1)**
1. a, 2. b, 3. a, 4. a, 5. a, 6. b, 7. a, 8. b, 9. b, 10. b

**13. Proszę 10 jajek!**
**Poniedziałek:** cytryn, żółtego sera, kawy, bezalkoholowego piwa
**Wtorek:** pomidorów, wędliny, zielonej herbaty, ananasów, chipsów
**Środa:** ziemniaków, pasztetu, herbatników, ryżu, tortu marchewkowego
**Czwartek:** cukru, soku pomarańczowego, jajek, ciasta z owocami
**Piątek:** mąki, chudego mleka, bułki, banany, melona
**Weekend:** soli, dżemu truskawkowego, rogaliki, białego wina, szynki, miodu, piwa, wody mineralnej, mięsa, kiełbasy krakowskiej, jogurtu naturalnego, czerwonego wina, słonych paluszków

**14. Wszystko dobrze!**
1. a, 2. c, 3. a, 4. a, 5. b, 6. b

**15. Czy lubisz jeździć na nartach?**
**A.**
1. jeździć, 2. idziesz, 3. jeździsz, 4. latać, 5. lecimy, 6. chodzić, 7. jeździć, 8. chodzi, 9. jedziesz / idziesz 10. idziemy, jedziemy
**B.**
1. jeździłam, 2. chodziłeś, 3. jeździliście, 4. leciała, 5. polecialyśmy, 6. chodził, 7. jeździły, 8. chodził, 9. poszedłeś, 10. poszliśmy

**16. Jedzenie**
1. kawę, 2. jajko, 3. mleka, 4. herbaty, 5. chleb, 6. jogurtem, 7. woda
Hasło: kolacja

**17. Proszę całym zdaniem! (2)**
1. Piszę pracę domową długopisem.
2. Ojciec idzie na spacer z synem.
3. Moja koleżanka jest studentką.
4. Na śniadanie jem bułkę z serem.
5. Nie lubię mięsa i zupy jarzynowej.
6. Studiuję filologię angielską.

7. Interesuję się sportem, kinem i muzyką.
8. Mam ochotę na kawę i lody czekoladowe.
9. Mieszkam w Polsce, we Wrocławiu.
10. Boli mnie głowa.
11. Myślę o pracy.
12. Pożyczam pieniądze mojemu bratu.
13. Urodziny mam w listopadzie.
14. Nie pojechaliśmy w weekend do rodziców, bo musieliśmy pracować.
15. Nasza córka kończy jutro 25 lat.

### 18. Nie ma ulgowych biletów
1. bigosu
2. Marka
3. polskiego
4. zupy ogórkowej
5. mojej mamy
6. ulgowych biletów
7. ekologicznych jajek
8. angielskich gazet
9. pani Beaty
10. pana dyrektora

### 19. Rozumiesz?
1. Jestem
2. wiem / rozumiem
3. masz
4. rozumiemy
5. jest
6. ma
7. jest
8. mieszkasz
9. czyta
10. znasz
11. wiesz
12. znam

### 20. Dobra? Dobrze?
**A.**
1. mało
2. dużo
3. dobrze
4. źle
5. regularnie
6. miło
7. sympatycznie
8. profesjonalnie
9. tanio
10. drogo

**B.**
1. dobre
2. słoneczne
3. ładne
4. miłe
5. złe
6. wysokie
7. duże
8. małe
9. szybkie
10. wolne

### 21. Lubisz piwo? Nie lubię piwa!
1. kawę, kawy
2. warzywa, warzyw
3. herbatę, herbaty
4. wino, wina
5. sok, soku
6. owoce, owoców
7. kurczaka, kurczaka
8. piwo, piwa
9. słodycze, słodyczy
10. wodę, wody
11. pizzę, pizzy
12. coca-colę, coca-coli
13. makaron, makaronu
14. mięso, mięsa
15. herbatniki, herbatników
16. owoce morza, owoców morza
17. banany, bananów
18. czekoladę, czekolady
19. tosty, tostów
20. szpinak, szpinaku

### 22. Która forma jest dobra?
1. a, 2. b, 3. c, 4. a, 5. c, 6. b, 7. a, 8. c, 9. a, 10. b

### 23. Dwa złote czy sześć złotych?
1. dwanaście (złotych) czterdzieści (groszy)
2. cztery (złote) pięćdziesiąt (groszy)
3. czternaście (złotych) trzydzieści trzy (grosze)
4. dwadzieścia dwa (złote) piętnaście (groszy)
5. pięćdziesiąt trzy (złote) dziesięć (groszy)
6. siedemdziesiąt sześć (złotych)
7. trzy (złote) dziewięćdziesiąt pięć (groszy)
8. sto dwadzieścia cztery (złote) dziewięćdziesiąt dziewięć (groszy)
9. dwieście osiemdziesiąt dziewięć (złotych) dwadzieścia (groszy)
10. (jeden) złoty pięćdziesiąt cztery (grosze)
11. trzysta trzy (złote)
12. sześćdziesiąt osiem (złotych) dwadzieścia (groszy)

### 24. Co, gdzie, kiedy, dlaczego?
**A.**
1. Gdzie mieszkacie?
2. Kim jest twoja siostra?
3. Ile lat ma wasz ojciec?
4. Czym pojedziecie na urlop?
5. Skąd / Z jakich krajów pochodzą studenci na kursie polskiego?
6. Kiedy się spotkaliście? / W jaki dzień się spotkaliście?
7. Dokąd / Gdzie pojechał twój kolega na urlop?
8. Dlaczego nie poszłaś wczoraj do pracy?
9. Od kiedy jest zamknięte wasze biuro?
10. Dlaczego / Po co / W jakim celu jedziecie do Anglii?
11. Kiedy / Od której do której / W jakich godzinach otwarty jest sklep?
12. Na ile dni / Na jak długo wyjeżdżacie?
13. Po co idziesz do sklepu?
14. Kto to jest?
15. Kogo widzisz?
16. Z kim mieszkacie?

**B.**
1. Czy ona jest Amerykanką?
2. Czy mówisz po polsku? / Czy mówi pan/pani po polsku?
3. Czy rozumiecie? / Czy rozumieją państwo po polsku?
4. Czy mieszkacie w Polsce? / Czy mieszkają państwo w Polsce?
5. Czy oni uczyli się polskiego?
6. Czy on poszedł z wami do kina?
7. Czy muszę to zrobić?
8. Czy chcesz kawę? / Czy chce pan/pani kawę?
9. Czy macie ochotę na spacer? / Czy mają państwo ochotę na spacer?
10. Czy byliście kiedyś w Polsce? / Czy byli państwo kiedyś w Polsce?

### 25. Mam nową komórkę!
**A.**
1. dużą szafę
2. dzisiejszą gazetę
3. nowy regał
6. duży ogród
7. wygodną kanapę
8. nową komórkę

4. ciekawą książkę
5. fajne biurko
9. małe dziecko
10. polską telewizję

**B.**
1. duże szafy
2. dzisiejsze gazety
3. nowe regały
4. ciekawe książki
5. fajne biurka
6. duże ogrody
7. wygodne kanapy
8. nowe komórki
9. małe dzieci
10. polskie programy

### 26. Pracujesz czy studiujesz?
1. studiuje
2. pracują
3. interesujesz się
4. gotujemy
5. maluje
6. dyktuje
7. pokazuje
8. SMS-uje
9. sprzedaje
10. mailuje
11. planujecie
12. drukuje

### 27. Wszystko w porządku?
1. wesoły
2. sz**cz**upły
3. cześć
4. koleżanka
5. im**ię**
6. dob**rz**e
7. m**ój**
8. tw**ój**
9. dzi**ę**kuję
10. Kra**ków**
11. Co s**ły**chać?
12. pa**sz**port
13. **prz**epraszam
14. baga**ż**
15. Do wi**dz**enia!
16. **dz**isiaj
17. sz**cz**ęśliwy
18. War**sz**awa
19. w por**ą**dku
20. m**ę**żczyzna
21. **ch**ory
22. odpowie**dź**
23. **dż**insy
24. tro**chę**

### 28. Niech mi pan powie, gdzie jest dworzec!
1. Niech mi pan powie, która godzina!
2. Niech mi pani pomoże!
3. Niech państwo usiądą!
4. Niech pan siada!
5. Niech pani wejdzie!
6. Niech mi panie powiedzą, gdzie to jest!
7. Niech panowie odpowiedzą na pytanie!
8. Niech pan tego lepiej nie robi!
9. Niech państwo zapytają o to dyrektora!
10. Niech pani się o to nie martwi!
11. Niech panie się zastanowią!
12. Niech pani chwilę poczeka!

### 29. Obudziłam się o piątej
1. obudził się, 2. wstała, 3. wzięli, 4. Umyłam, 5. poszedł, 6. zjedli, 7. wypiły, 8. przeczytał, 9. ubrała się, 10. czekał, 11. jechała, 12. pracował, 13. zrobili, 14. zadzwoniłam, 15. ugotował, 16. oglądali, 17. biegaliśmy, 18. spotkali się, 19. rozebrał się, 20. poszli

### 30. Pozdrawiamy z Zakopanego!
1. do, 2. w, 3. w, 4. w, 5. z, 6. na, 7. w, 8. pod, 9. na, 10. na, 11. z, 12. do, 13. za

### 31. Kiedy masz urodziny?
**A.**

| 1 | 2 | 3 | 4 | 5 | 6 | 7 | 8 | 9 | **10** |
|---|---|---|---|---|---|---|---|---|---|
| **11** | 12 | **13** | 14 | 15 | 16 | 17 | 18 | **19** | 20 |
| **21** | **22** | 23 | 24 | 25 | 26 | 27 | 28 | 29 | 30 |
| 31 | 32 | 33 | 34 | 35 | **36** | 37 | 38 | 39 | 40 |
| 41 | 42 | 43 | 44 | **45** | 46 | **47** | 48 | 49 | 50 |
| **51** | 52 | 53 | 54 | 55 | 56 | 57 | 58 | 59 | 60 |
| 61 | 62 | 63 | 64 | 65 | 66 | 67 | 68 | **69** | **70** |
| 71 | 72 | 73 | 74 | 75 | **76** | 77 | 78 | 79 | 80 |
| 81 | **82** | 83 | 84 | 85 | 86 | **87** | 88 | 89 | 90 |
| 91 | 92 | 93 | 94 | 95 | 96 | 97 | **98** | **99** | **100** |

**B.**
1. drugiego grudnia
2. szesnastego lutego
3. dwudziestego pierwszego czerwca
4. dwunastego listopada
5. dziesiątego lipca, siedemnastego lipca
6. dziesiątego marca
7. pierwszego stycznia
8. pierwszego kwietnia
9. trzydziestego września
10. dwudziestego października, dwudziestego ósmego października
11. Trzeciego maja
12. Ósmego sierpnia

### 32. Kto jest szybszy? Co jest szybsze?
1. szybszy, 2. ładniejsza, 3. starszy, 4. mniejszą, 5. wyższy, 6. lepsze, 7. większym, 8. nowszy, 9. gorszym, 10. szersze. 11. bardziej eleganckiego / elegantszego, 12. bardziej wysportowany

### 33. Warszawę? Warszawy?
**A.**
1. Kraków
2. Wisłę
3. Paryż
4. bilet
5. wysokiego
6. walizkę
7. ładnego
8. wysoką
9. szkołę
10. imię
11. zieloną
12. nauczyciela

**B.**
1. sera
2. mleka
3. Krakowa
4. poniedziałku
5. Polski
6. września
7. żółtego
8. starego
9. wody
10. gorącej
11. hamburgera
12. kochanej

**34. Zjedz śniadanie, nie jedz kolacji!**
**A.**

|    | ty | my | wy |
|----|----|----|----|
| 1  | rób! / zrób! | róbmy! / zróbmy! | róbcie! / zróbcie! |
| 2  | kupuj! / kup! | kupujmy! / kupmy! | kupujcie! / kupcie! |
| 3  | czytaj! / przeczytaj! | czytajmy! / przeczytajmy! | czytajcie! / przeczytajcie! |
| 4  | pij! / wypij! | pijmy! / wypijmy! | pijcie! / wypijcie! |
| 5  | mów! / powiedz! | mówmy! / powiedzmy! | mówcie! / powiedzcie! |
| 6  | pytaj! / zapytaj! | pytajmy! / zapytajmy! | pytajcie! / zapytajcie! |
| 7  | jedz! / zjedz! | jedzmy! / zjedzmy! | jedzcie! / zjedzcie! |
| 8  | jedź! / pojedź! | jedźmy! / pojedźmy! | jedźcie! / pojedźcie! |
| 9  | idź! / pójdź! | idźmy! / pójdźmy! | idźcie! / pójdźcie! |
| 10 | wstawaj! / wstań! | wstawajmy! / wstańmy! | wstawajcie! / wstańcie! |
| 11 | siadaj! / usiądź! | siadajmy! / usiądźmy! | siadajcie! / usiądźcie! |
| 12 | wchodź! / wejdź! | wchodźmy! / wejdźmy! | wchodźcie! / wejdźcie! |

**B.**
1. Kup, 2. Zróbmy, 3. Przeczytajcie, 4. Wypij,
5. mów, 6. Zapytajmy, 7. Nie jedz, 8. Nie jedźmy,
9. Chodźmy / Pójdźmy, 10. Wstawaj / Wstań,
11. Nie siadajcie, 12. Wchodźcie / Wejdźcie

**35. Gdzie byłeś? Co robiłeś?**
1. czytało, 2. byli, 3. robiłam, 4. kupował,
5. Dzwoniłam, 6. mieszkaliście, 7. uczył się,
8. tańczyłyśmy, 9. chodziła, 10. wychodził,
11. pracowaliśmy, 12. odwiedzałaś

**36. Kto, kogo, kim?**
1. j, 2. h, 3. b, 4. f, 5. k, 6. g, 7. e, 8. l, 9. c, 10. i, 11. a, 12. d.

**37. Może w góry albo na Majorkę?**
**A.**
1. Azory, Azorach
2. Bermudy, Bermudach
3. Cypr, Cyprze
4. Elbę, Elbie
5. Hvar, Hvarze
6. Ibizę, Ibizie
7. Karaiby, Karaibach
8. Korsykę, Korsyce
9. Kretę, Krecie
10. Madagaskar, Madagaskarze
11. Majorkę, Majorce
12. Malediwy, Malediwach
13. Maltę, Malcie
14. Sardynię, Sardynii
15. Seszele, Seszelach
16. Sycylię, Sycylii

**B.**
1. Alpy, Alpach
2. Andy, Andach
3. Apeniny, Apeninach
4. Appalachy, Appalachach
5. Beskidy, Beskidach
6. Bieszczady, Bieszczadach
7. Dolomity, Dolomitach
8. Góry Stołowe, Górach Stołowych
9. Góry Świętokrzyskie, Górach Świętokrzyskich
10. Karkonosze, Karkonoszach
11. Karpaty, Karpatach
12. Kordyliery, Kordylierach
13. Pieniny, Pieninach
14. Pireneje, Pirenejach
15. Rudawy, Rudawach
16. Sudety, Sudetach
17. Tatry, Tatrach

**38. W pracy**
Poziomo: →     Pionowo: ↓
2. dyrektorem     1. regulaminie
3. drukarkę     4. kolegą
6. kopiarki     5. papieru
7. biurku
8. telefonu
Hasło: komputer

**39. Dzwonić czy zadzwonić?**
1. **prze**czytać     11. **u**myć / **wy**myć
2. **po**czekać / **za**czekać     12. **o**budzić (się)
3. **po**jechać     13. **z**robić
4. **z**jeść     14. **na**uczyć (się)
5. **wy**pić     15. **po**rozmawiać
6. **po**sprzątać     16. **u**piec
7. **na**pisać     17. skończyć
8. **u**gotować     18. **za**śpiewać
9. **za**dzwonić     19. **za**tańczyć
10. **wy**prać / **u**prać     20. **za**notować

**40. Ona myśli, że jestem milionerem**
1. h, 2. d, 3. j, 4. i, 5. c, 6. a, 7. g, 8. f, 9. b, 10. l, 11. e,
12. k, 13. r, 14. ł, 15. o, 16. m, 17. n, 18. p

**41. Podoba mi się twoja sukienka**
**A.**
1. Nie **podoba mi się** ten film.
2. Czy **lubicie** barszcz czerwony z uszkami?
3. **Renata** bardzo **lubi** Barcelonę.
4. **Komu podobają się** amerykańskie filmy?
5. **Markowi podobają się** szybkie samochody.
6. **Mój mąż lubi** tańczyć.
7. Jak **wam podoba się** moja nowa sukienka? / Jak wam się podoba… / Jak się wam podoba…
8. **Kto lubi** polską kuchnię?
9. Czy **podoba ci się** moje nowe mieszkanie? / Czy ci się podoba…
10. **Oni** bardzo **lubią** Polskę.

**B.**
1. Czy interesujesz się polskim kinem?
2. Lubimy polskie kino.
3. Friederike interesuje się sztuką japońską.
4. Czy lubicie sztukę japońską?
5. Czy pani interesuje się futbolem amerykańskim?
6. On bardzo lubi futbol amerykański.
7. Czy interesujesz się sportowymi samochodami?
8. Chłopcy lubią sportowe samochody.

**42. Idziemy na obiad?**
1. film
2. obiad
3. lody
4. spotkanie
5. mecz
6. kurs
7. dyskotekę
8. wykład
9. jogę
10. pocztę
11. stadion
12. zajęcia
13. randkę
14. śniadanie
15. piwo
16. demonstrację
17. wakacje
18. ferie
19. święta

**43. Nie czekaj na mnie!**
1. Nie czytaj tej książki!
2. Nie jedz kolacji!
3. Nie dzwoń do niej!
4. Nie kupujcie mu prezentu!
5. Nie wchodźmy do środka!
6. Nie oglądaj tego filmu!
7. Nie rób tego!
8. Nie myślcie o tym!
9. Nie bierz antybiotyku!
10. Nie pytajmy go o to!
11. Nie odpowiadaj na tego e-maila!
12. Nie jedźmy tramwajem!
13. Nie czekaj na mnie!
14. Nie pij tego syropu!
15. Nie jedzmy deseru!

**44. Dziwna rodzina Adamskich**
1. stol**em**, stole 2. fotel**u**, fotel**em** 3. dom**u**, dom**em** 4. okn**em**, okn**ie** 5. biurk**u**, biurk**u** 6. komod**y**, komodz**ie** 7. drzew**em**, drzew**ie** 8. dywan**em**, dywan**ie** 9. torb**ą**, torb**ie** 10. samochodz**ie**, samochodz**ie**

**45. Jaka forma jest dobra?**
**A.**
1. choruje, 2. kupuje, 3. obejrzą, 4. zjesz, 5. kupi, 6. mieszkasz, 7. robi, 8. jedzie, 9. Uczę się, 10. oglądają, 11. zrobi, 12. pracuje, 13. studiujecie, 14. jesz, 15. pojedzie, 16. zachorujesz, 17. nauczę się
**B.**
1. chorował, 2. kupiła, 3. obejrzały, 4. mieszkałaś, 5. zrobiła, 6. zjadłeś, 7. pojechała, 8. studiowaliście, 9. Uczyłam się, 10. pracował

**46. O co chodzi?**
1. autobus
2. drogę
3. tramwaj
4. godzinę
5. co
6. uwagę
7. moją mamę
8. co
9. kogo
10. Marka

**47. Oni mieszkają w Gdańsku**
**A.**
1. są, 2. mieszkają, 3. Mają, 4. chodzą, 5. wstają, 6. biorą, 7. ubierają się, 8. budzą, 9. jedzą, 10. przygotowywują, 11. wychodzą, 12. jadą
**B.**
1. ma, 2. jest, 3. chodzi, 4. Mieszka, 5. ma, 6. ma, 7. chodzi, 8. jest, 9. nazywa się, 10. spotykają się, 11. grają, 12. uczą się, 13. chodzą, 14. jeżdżą

**48. Mieszkanie za mieszkanie**
Cześć! Nazywam si**ę** Thomas Petersen i jestem Niemcem. Mam 24 lata. Studiuj**ę** europeistyk**ę** we Frankfurcie nad Odr**ą**. Mie**sz**kam razem z moj**ą** dziew**cz**yn**ą**, Katj**ą**. Ona jest młodsza ode mnie o dwa lata i jest studentk**ą** slawistyki. Mamy t**rz**ypokojowe mie**sz**kanie na t**rz**ecim pi**ę**trze w spokojnej **dz**ielnicy. Na**sz**e mie**sz**kanie jest bar**dz**o słoneczne i ma du**ż**y balkon. Raz w roku, latem albo zim**ą**, je**dz**iemy razem do Polski na kurs j**ę**zyka polskiego. W tym roku byli**ś**my w **cz**erwcu p**rz**ez dwa tygodnie w Krakowie i mieli**ś**my cały czas fantasty**cz**n**ą** pogod**ę**! Było ciepło i ani razu ni**e** padał de**sz**cz! Krak**ów** to ładne miasto, bardzo nam si**ę** podoba. Jest tu dużo atrakcj**i** turystycznych i fajny**ch** knajp. Poznali**ś**my też kilka sympaty**cz**nych os**ób** z całego **ś**wiata. Chcemy w tym roku w sierpniu je**sz**cze raz poje**ch**ać do Krakowa i **sz**ukamy na ten czas mieszkan**ia**. W zamian oferujemy na**sz**e. Jeśli kto**ś** jest zainteresowany, prosimy o kontakt!

**49. Najweselsza dziewczynka w klasie**
1. najszybszy, 2. największych, 3. najweselszą, 4. najwyższy, 5. najdłuższa, 6. najbardziej wysportowany, 7. najgorsza, 8. najlepszy, 9. najłatwiejszych, 10. najnowsze, 11. najpiękniejszy, 12. najstarszym

**50. Masz czas? Nie mam!**

| 1. mieć |
|---|
| (ja) **kocham** |
| (ty) **kochasz** |
| on, ona, ono, pan, pani **kocha** |
| (my) **kochamy** |
| (wy) **kochacie** |
| oni, one, państwo **kochają** |

### 2. robić
(ja) **robię**
(ty) **robisz**
on, ona, ono, pan, pani **robi**
(my) **robimy**
(wy) **robicie**
oni, one, państwo **robią**

### 3. pytać
(ja) **pytam**
(ty) **pytasz**
on, ona, ono, pan, pani **pyta**
(my) **pytamy**
(wy) **pytacie**
oni, one, państwo **pytają**

### 4. rozumieć
(ja) **rozumiem**
(ty) **rozumiesz**
on, ona, ono, pan, pani **rozumie**
(my) **rozumiemy**
(wy) **rozumiecie**
oni, one, państwo **rozumieją**

### 5. sprzątać
(ja) **sprzątam**
(ty) **sprzątasz**
on, ona, ono, pan, pani **sprząta**
(my) **sprzątamy**
(wy) **sprzątacie**
oni, one, państwo **sprzątają**

### 6. dawać
(ja) **daję**
(ty) da**jesz**
on, ona, ono, pan, pani **daje**
(my) **dajemy**
(wy) **dajecie**
oni, one, państwo **dają**

### 7. studiować
(ja) **studiuję**
(ty) **studiujesz**
on, ona, ono, pan, pani **studiuje**
(my) **studiujemy**
(wy) **studiujecie**
oni, one, państwo **studiują**

### 8. pić
(ja) **piję**
(ty) **pijesz**
on, ona, ono, pan, pani **pije**
(my) **pijemy**
(wy) **pijecie**
oni, one, państwo **piją**

### 9. lubić
(ja) **lubię**
(ty) **lubisz**
on, ona, ono, pan, pani **lubi**
(my) **lubimy**
(wy) **lubicie**
oni, one, państwo **lubią**

### 10. wydawać
(ja) **wydaję**
(ty) **wydajesz**
on, ona, ono, pan, pani **wydaje**
(my) **wydajemy**
(wy) **wydajecie**
oni, one, państwo **wydają**

### 11. zaczynać
(ja) **zaczynam**
(ty) **zaczynasz**
on, ona, ono, pan, pani **zaczyna**
(my) **zaczynamy**
(wy) **zaczynacie**
oni, one, państwo **zaczynają**

### 12. żyć
(ja) **żyję**
(ty) **żyjesz**
on, ona, ono, pan, pani **żyje**
(my) **żyjemy**
(wy) **żyjecie**
oni, one, państwo **żyją**

### 13. pracować
(ja) **pracuję**
(ty) **pracujesz**
on, ona, ono, pan, pani **pracuje**
(my) **pracujemy**
(wy) **pracujecie**
oni, one, państwo **pracują**

### 14. czytać
(ja) **czytam**
(ty) **czytasz**
on, ona, ono, pan, pani **czyta**
(my) **czytamy**
(wy) **czytacie**
oni, one, państwo **czytają**

### 51. Lubię lody, nie lubię paluszków
1. pierogi ruskie, pierogów ruskich
2. suszone owoce, suszonych owoców
3. kwaśne jabłka, kwaśnych jabłek
4. lody śmietankowe, lodów śmietankowych
5. mrożone warzywa, mrożonych warzyw
6. orzechy włoskie, orzechów włoskich
7. słone paluszki, słonych paluszków
8. polskie zupy, polskich zup
9. słodkie ciastka, słodkich ciastek
10. czarne oliwki, czarnych oliwek

11. duże psy, dużych psów
12. ambitnych studentów, ambitnych studentów
13. twoje koleżanki, twoich koleżanek
14. waszych kolegów, waszych kolegów
15. czarne koty, czarnych kotów

## 52. Serdeczne pozdrowienia z Alp!
1. z, 2. w, 3. na, 4. za, 5. do, 6. na, 7. po, 8. do, 9. od, 10. dla

## 53. Dzisiaj wrócę późno!
1. sprzątam
2. posprzątam
3. będę
4. jestem
5. zadzwonię
6. dzwonię
7. gotuję
8. ugotuję
9. spotykam się
10. spotkam się
11. wrócę
12. wracam
13. piję
14. wypiję

## 54. Chodźmy nad rzekę!
**Rzeki**
1. nad rzekę, nad rzeką; 2. nad Dunaj, nad Dunajem; 3. nad Ganges, Gangesem; 4. nad Men, nad Menem, 5. nad Nil, nad Nilem; 6. nad Ren, nad Renem; 7. nad Szprewę, nad Szprewą; 8. nad Tamizę, nad Tamizą; 9. nad Wisłę, nad Wisłą
**Jeziora**
1. nad jezioro, nad jeziorem; 2. nad Bajkał; nad Bajkałem; 3. nad Jezioro Bodeńskie, nad Jeziorem Bodeńskim; 4. nad Jezioro Rożnowskie, nad Jeziorem Rożnowskim
**Morza**
1. nad morze, nad morzem; 2. nad Morze Bałtyckie, nad Morzem Bałtyckim; 3. nad Morze Północne, nad Morzem Północnym; 4. nad Morze Śródziemne, nad Morzem Śródziemnym
**Oceany**
1. nad ocean, nad oceanem; 2. nad Atlantyk, nad Atlantykiem; 3. nad Ocean Indyjski, nad Oceanem Indyjskim; 4. nad Ocean Spokojny, nad Oceanem Spokojnym

## 55. Jaka dziś pogoda?
1. b
2. a
3. b
4. a
5. b
6. b
7. a
8. b
9. a
10. b
11. a
12. b
13. a
Hasło: „Pogoda pod psem"

## 56. Czy mógłby mi pan pomóc?
**A.**
1. może, mogę, 2. chcecie, Chcemy, 3. możesz, mogę, Muszę, 4. muszą, 5. może, musi, 6. Chcecie, Chcemy

**B.**
1. mógłby, mógłbym, 2. chcielibyście, Chcielibyśmy, 3. mogłabyś, 4. musiałaby
5. chciałaby, chciałabym

## 57. W kawiarni
**A.**
1. Gdzie, 2. Ile, 3. Kto, 4. Co, 5. O, 6. Czy, 7. Czy, 8. Czy

**B.**
1. kawiarni, 2. kobiety, 3. kelner, 4. wodę mineralną, 5. pogodzie, 6. siedzą w kinie, 7. jedzą, 8. jedzą obiadu

## 58. Czy umiesz grać w pokera?
1. umieją, umiemy, 2. wiesz, wiem, znam, 3. zna, zna, umie, 4. wiecie, Wiemy; umie, 5. wiesz, wiem, 6. znacie, znamy, 7. umiem, wiem, 8. zna, znam 9. wiesz, umiem, 10. wiecie, znamy

## 59. Brać czy wziąć?
1. pójść
2. kupić
3. przygotować
4. zaprosić
5. zobaczyć
6. wziąć
7. powiedzieć
8. wstać
9. ubrać (się)
10. zacząć
11. pomóc
12. odpocząć
13. wyjść
14. umówić (się)
15. spotkać (się)
16. obejrzeć

## 60. Urlop
Poziomo: →
1. góry
3. kocu
5. Polsce
6. kajak
7. Kraków
8. kostium
12. piłkę
13. krem
14. urlopie

Pionowo: ↓
2. ręcznik
4. Opalanie
5. plaża
9. Sopocie
10. morzem
11. lipcu

## 61. Lecisz do Berlina?
1. Aten, Atenach
2. Berlina, Berlinie
3. Bostonu, Bostonie
4. Bratysławy, Bratysławie
5. Brukseli, Brukseli
6. Frankfurtu, Frankfurcie
7. Gdańska, Gdańsku
8. Hamburga, Hamburgu
9. Helsinek, Helsinkach
10. Katowic, Katowicach
11. Kopenhagi, Kopenhadze
12. Krakowa, Krakowie
13. Lizbony, Lizbonie
14. Londynu, Londynie
15. Łodzi, Łodzi
16. Madrytu, Madrycie

17. Mińska, Mińsku
18. Monachium, Monachium
19. Moskwy, Moskwie
20. Neapolu, Neapolu
21. Nowego Jorku, Nowym Jorku
22. Nowego Sącza, Nowym Sączu
23. Oslo, Oslo
24. Paryża, Paryżu
25. Petersburga, Petersburgu
26. Poznania, Poznaniu
27. Pragi, Pradze
28. Rzymu, Rzymie
29. Sofii, Sofii
30. Sopotu, Sopocie
31. Szczecina, Szczecinie
32. Tokio, Tokio
33. Toronto, Toronto
34. Warszawy, Warszawie
35. Waszyngtonu, Waszyngtonie
36. Wiednia, Wiedniu
37. Wilna, Wilnie
38. Wrocławia, Wrocławiu
39. Zakopanego, Zakopanem
40. Zielonej Góry, Zielonej Górze

**62. Idziesz z nami? Idę!**

| 1. iść |
|---|
| (ja) **idę** |
| (ty) **idziesz** |
| on, ona, ono, pan, pani **idzie** |
| (my) **idziemy** |
| (wy) **idziecie** |
| oni, one, państwo **idą** |

| 2. jechać |
|---|
| (ja) **jadę** |
| (ty) **jedziesz** |
| on, ona, ono, pan, pani **jedzie** |
| (my) **jedziemy** |
| (wy) **jedziecie** |
| oni, one, państwo **jadą** |

| 3. chodzić |
|---|
| (ja) **chodzę** |
| (ty) **chodzisz** |
| on, ona, ono, pan, pani **chodzi** |
| (my) **chodzimy** |
| (wy) **chodzicie** |
| oni, one, państwo **chodzą** |

| 4. jeździć |
|---|
| (ja) **jeżdżę** |
| (ty) **jeździsz** |
| on, ona, ono, pan, pani **jeździ** |
| (my) **jeździmy** |
| (wy) **jeździcie** |
| oni, one, państwo **jeżdżą** |

| 5. móc |
|---|
| (ja) **mogę** |
| (ty) **możesz** |
| on, ona, ono, pan, pani **może** |
| (my) **możemy** |
| (wy) **możecie** |
| oni, one, państwo **mogą** |

| 6. musieć |
|---|
| (ja) **muszę** |
| (ty) **musisz** |
| on, ona, ono, pan, pani **musi** |
| (my) **musimy** |
| (wy) **musicie** |
| oni, one, państwo **muszą** |

| 7. myśleć |
|---|
| (ja) **myślę** |
| (ty) **myślisz** |
| on, ona, ono, pan, pan **myśli** |
| (my) **myślimy** |
| (wy) **myślicie** |
| oni, one, państwo **myślą** |

| 8. brać |
|---|
| (ja) **biorę** |
| (ty) **bierzesz** |
| on, ona, ono, pan, pani **bierze** |
| (my) **bierzemy** |
| (wy) **bierzecie** |
| oni, one, państwo **biorą** |

| 9. lecieć |
|---|
| (ja) **lecę** |
| (ty) **lecisz** |
| on, ona, ono, pan, pani **leci** |
| (my) **lecimy** |
| (wy) **lecicie** |
| oni, one, państwo **lecą** |

| 10. płacić |
|---|
| (ja) **płacę** |
| (ty) **płacisz** |
| on, ona, ono, pan, pani **płaci** |
| (my) **płacimy** |
| (wy) **płacicie** |
| oni, one, państwo **płacą** |

**63. Zawsze może być gorzej ;-)**
1. lepiej, 2. bardziej, 3. gorzej, 4. dłużej,
5. wcześniej, 6. ciekawiej, 7. później, 8. trudniej,
9. głośniej, 10. wolniej, 11. bardziej interesująco

**64. Ubrania**
1. spodnie, 2. bluzkę, 3. koszul, 4. majtki, 5. sweter,
6. biustonoszem, 7. krawata / krawatu, 8. kurtka
Hasło: sukienka

**65. Lubię jogurt, nie lubię mleka**
1. sok pomidorowy, soku pomidorowego
2. zupę ogórkową, zupy ogórkowej
3. kawę rozpuszczalną, kawy rozpuszczalnej
4. kiszoną kapustę, kiszonej kapusty
5. ciepłe mleko, ciepłego mleka
6. jogurt truskawkowy, jogurtu truskawkowego
7. mleczną czekoladę, mlecznej czekolady
8. ciemny chleb, ciemnego chleba
9. gorzką herbatę, gorzkiej herbaty
10. nową sąsiadkę, nowej sąsiadki
11. naszą trenerkę, naszej trenerki
12. moją ciocię, mojej cioci
13. twojego sąsiada, twojego sąsiada
14. waszego kota, waszego kota
15. naszego trenera, naszego trenera

**66. Za kanapą w rogu**
1. pod oknem, 2. obok sofy, 3. nad biurkiem,
4. przy biurku, 5. w rogu, 6. na kanapie,
7. na podłodze, 8. koło szafy, 9. na szafie,
10. na oknie, 11. między książkami, 12. przed telewizorem

**67. Jesteś chory?**
1. b, 2. a, 3. a, 4. b, 5. b, 6. a, 7. b, 8. a, 9. b, 10. a
Hasło: zwolnienie

**68. Nasz kot leży na stole**
**A.**
1. i, 2. j, 3. d, 4. c, 5. g, 6. f, 7. e, 8. h, 9. a, 10. b
**B.**
1. d, 2. g, 3. f, 4. a, 5. h, 6. i, 7. b, 8. j, 9. c, 10. e

**69. Która godzina? (2)**
1. b dziesiątej, 2. c ósmej, 3. e dwadzieścia,
4. j trzeciej, 5. h dwadzieścia, 6. a dwudziestej pierwszej, 7. d dwunastej, 8. g dwudziesta lub ósma, 9. f szósta, 10. i ósmej

**70. Gdzie są moje okulary?**
1. na stole, 2. pod stołem, 3. na kanapie,
4. pod kanapą, 5. za szafą, 6. pod dywanem,
7. na podłodze, 8. w wazonie, 9. na krześle,
10. na lampie, 11. na szafie, na książkach,
12. na kaktusie

# Test końcowy

**Choose the right grammatical form.**

| 1. To ..... Michał. | | |
|---|---|---|
| a. jest | b. jestem | c. są |
| 2. ..... to jest? To jest książka. | | |
| a. Kto | b. Co | c. Czy |
| 3. Pani Jakubowska jest ..... . | | |
| a. miła | b. miło | c. miłe |
| 4. Pięć plus cztery jest ..... . | | |
| a. dziesięć | b. osiem | c. dziewięć |
| 5. ..... się nazywasz? | | |
| a. Jaki | b. Jak | c. Jakie |
| 6. To jest ..... kolega. | | |
| a. moja | b. mój | c. moje |
| 7. Jest kwadrans po ..... . | | |
| a. piąta | b. piątej | c. piątek |
| 8. W weekendy często ..... z kolegami. | | |
| a. spotykać się | b. spotkam się | c. spotykam się |
| 9. Gdzie pani ..... ? | | |
| a. pracować | b. pracuję | c. pracuje |
| 10. Lepiej nic nie ..... ! | | |
| a. mów | b. powiedz | c. mówię |
| 11. W sierpniu lecę ..... Cypr. | | |
| a. na | b. w | c. do |
| 12. Ten pan jest ..... . | | |
| a. inżynierem | b. inżynier | c. inżyniera |
| 13. Często biegamy ..... Wisłą. | | |
| a. obok | b. pod | c. nad |

| 14. Jaki język obcy pan ..... ? | | |
|---|---|---|
| a. umie | b. zna | c. wie |
| 15. Czy byłeś kiedyś ..... ? | | |
| a. na Słowacji | b. na Słowację | c. ze Słowacją |
| 16. Piotrek jest ...... . | | |
| a. uczniem | b. uczeń | c. uczennicą |
| 17. Dzisiaj czuję się ..... niż wczoraj. | | |
| a. gorszy | b. gorzej | c. źle |
| 18. Czy to jest twój zeszyt? | | |
| a. Nie, nie jest mój zeszyt. | b. Nie, jest mój zeszyt. | c. Nie, to nie jest mój zeszyt. |
| 19. Mój telefon komórkowy leży pod ...... . | | |
| a. łóżkiem | b. łóżku | c. łóżka |
| 20. Jeździmy na nartach w ...... . | | |
| a. Alpach | b. Alpy | c. Alpami |
| 21. Student ..... tekst. | | |
| a. czyta | b. czytam | c. czytasz |
| 22. Lubię ...... . | | |
| a. mleczna czekolada | b. mleczną czekoladą | c. mleczną czekoladę |
| 23. ..... jest twój bagaż? | | |
| a. Jak? | b. Kto? | c. Gdzie? |
| 24. A: Przepraszam!<br>B: ..... | | |
| a. Dzień dobry! | b. Nic nie szkodzi! | c. Smacznego! |
| 25. O której ..... wczoraj z pracy? | | |
| a. wychodziliście | b. wyszliście | c. wychodzić |
| 26. Dwadzieścia plus czterdzieści jest ...... . | | |
| a. sześćdziesiąt | b. szesnaście | c. pięćdziesiąt |
| 27. Aneto, czy ..... mi pomóc? | | |
| a. mogę | b. może | c. możesz |
| 28. Okulary leżą ..... książkami. | | |
| a. w | b. między | c. obok |

29. Tomek jest ..... .

| a. dobrym informatykiem | b. dobrego informatyka | c. dobry informatyk |

30. Nie lubię ..... pogody.

| a. deszczowej | b. deszczowym | c. deszczowemu |

31. W lecie byliśmy we ..... .

| a. Włochy | b. Włoch | c. Włoszech |

32. Ciastka kosztują sześć ..... .

| a. złote | b. złotych | c. złoty |

33. ..... się interesujesz?

| a. Kto | b. Co | c. Czym |

34. Dzisiaj jest brzydko, pada ..... .

| a. deszcz | b. deszczu | c. deszczem |

35. Ola ..... codziennie o siódmej rano.

| a. wstawać | b. wstaje | c. wstaję |

36. ..... masz lat?

| a. Jak | b. Ile | c. Co |

37. Wakacje spędziliśmy nad ..... .

| a. Morzem Bałtyckim | b. Morza Bałtyckiego | c. Morzu Bałtyckiemu |

38. Proszę ..... .

| a. kawa i mleko | b. kawą z mlekiem | c. kawę z mlekiem |

39. Kubek stoi ..... stole.

| a. na | b. obok | c. pod |

40. A: Co cię boli?
B: ..... .

| a. Prawą nogę | b. Prawej nogi | c. Prawa noga |

41. Kasia ma ..... .

| a. fajnym chłopakiem | b. fajny chłopak | c. fajnego chłopaka |

42. On zna kilka języków, ale ..... mówi po angielsku.

| a. najlepszy | b. najlepiej | c. najbardziej |

43. Pan Schmidt pyta ..... drogę do hotelu.

| a. o | b. na | c. przez |

44. Wszyscy lubią ..... .

| a. ten polityk | b. tego polityka | c. tym politykiem |

45. Muszę nauczyć się ..... na nartach.

| a. jeździć | b. jeżdżę | c. jadę |

46. Sto ..... !

| a. lat | b. lata | c. latem |

47. Pies leży ..... .

| a. nad biurkiem | b. z biurkiem | c. pod biurkiem |

48. ..... czym one rozmawiają?

| a. Z | b. O | c. Do |

49. ..... sobie małą przerwę na kawę!

| a. Zróbmy | b. Róbmy | c. Robić |

50. Kocham ..... !

| a. ty | b. tobą | c. cię |

51. Co ..... o nowym chłopaku Ewy?

| a. znacie | b. umiecie | c. wiecie |

52. Co ..... jest?

| a. mu | b. go | c. on |

53. Nie lubię ..... .

| a. kwaśne jabłka | b. kwaśnych jabłek | c. kwaśnymi jabłkami |

54. Mój syn ..... przez trzy lata do gimnazjum językowego.

| a. szedł | b. poszedł | c. chodził |

55. Idziemy ..... spacer.

| a. pod | b. do | c. na |

56. W tym roku mieliśmy ..... zimę.

| a. mroźną | b. mroźnie | c. mroźnego |

57. Masz ochotę ..... lody?

| a. do | b. na | c. o |

58. Wczoraj moje dziecko cały wieczór ..... książkę.

| a. czytał | b. czytało | c. czytała |

59. Czy mogę otworzyć ..... ? W tym pociągu jest bardzo gorąco!

| a. oknem | b. okno | c. oknie |

60. Serdeczne pozdrowienia ..... Zakopanego!

| a. od | b. z | c. do |

61. Na przerwie studenci ..... kanapki, bo byli głodni.

| a. zjadły | b. zjadło | c. zjedli |

62. Rano zawsze ..... kawę.

| a. piję | b. pić | c. wypiję |

63. Tata idzie do lekarza, ..... źle się czuje.

| a. bo | b. ale | c. gdzie |

64. Czy ..... mi pan powiedzieć, która godzina?

| a. mógłbym | b. mógłbyś | c. mógłby |

65. A: Czy są jeszcze bilety ulgowe?
    B: Nie, nie ma już ..... .

| a. biletów ulgowych | b. bilety ulgowe | c. biletach ulgowych |

66. Lubimy ..... .

| a. naszą nauczycielkę | b. nasza nauczycielka | c. naszą nauczycielką |

67. Czy na ..... można liczyć?

| a. Marka | b. Markiem | c. Marek |

68. Lubię ..... .

| a. nią | b. ona | c. ją |

69. O siódmej skończyliśmy pracę i ..... do domu.

| a. poszliśmy | b. chodziliśmy | c. szliśmy |

70. Marcin i Patryk zawsze ..... w zimie na nartach.

| a. jadą | b. jeżdżą | c. jedzą |

71. Nie lubię, ..... pada deszcz.

| a. czy | b. gdzie | c. kiedy |

72. Magda ..... dzisiaj z łóżka lewą nogą.

| a. wstała | b. wstał | c. wstało |

73. Odra to naturalna granica Niemiec z ..... .

| a. Polski | b. Polsce | c. Polską |

74. A: Kogo pan szuka?
    B: ..... .

| a. Inżyniera Nowak | b. Inżyniera Nowaka | c. Inżynierem Nowakiem |

75. Idę na spacer, ..... boli mnie głowa.

| a. że | b. dlaczego | c. ponieważ |

76. Nie ..... tyle chipsów, to niezdrowe!

| a. jedz | b. jedź | c. zjedz |

77. Warszawa jest jednym z ..... miast europejskich.

| a. największych | b. największymi | c. największe |

78. Dzisiaj idę ..... zakupy z koleżanką.

| a. na | b. do | c. w |

79. ..... test dwie godziny.

| a. Napisaliśmy | b. Pisaliśmy | c. Odpisaliśmy |

80. Samochód jest ..... od roweru.

| a. szybciej | b. szybsza | c. szybszy |

81. Dzisiaj jest ładnie, świeci ..... .

| a. słońce | b. słońcem | c. słońca |

82. Mama ..... jest tłumaczką.

| a. Adamem | b. Adam | c. Adama |

83. To jest pokój ..... .

| a. od mojej siostry | b. mojej siostry | c. moją siostrą |

84. Koleżanki ..... wiadomości.

| a. obejrzała | b. obejrzeli | c. obejrzały |

85. Nie ..... na mnie!

| a. poczekajcie | b. czekajcie | c. czekacie |

86. Rano jemy śniadanie, a kolację jemy ..... .

| a. wieczorem | b. wieczór | c. dobry wieczór |

87. Polski mamy ..... .

| a. czwartku | b. w czwartek | c. czwartek |

88. Co robisz w ..... ?

| a. weekend | b. weekendu | c. weekendzie |

| 89. Czekam już 15 minut na ...... . | | |
|---|---|---|
| a. autobus | b. autobusie | c. autobusem |
| 90. Agata ..... w lipcu na Mazury. | | |
| a. pojadę | b. pojedziesz | c. pojedzie |
| 91. A: Komu pożyczyłeś tę książkę?<br>B: ...... . | | |
| a. Dobrych znajomych | b. Dobrzy znajomi | c. Dobrym znajomym |
| 92. A: Z czym ma być ta pizza?<br>B: ...... . | | |
| a. Czarnymi oliwkami | b. Z czarnych oliwek | c. Z czarnymi oliwkami |
| 93. ..... kogo dzwonisz? | | |
| a. Na | b. Do | c. Z |
| 94. Jadę na kurs polskiego do Krakowa, ..... nauczyć się mówić po polsku. | | |
| a. po | b. żeby | c. bo |
| 95. Mój mąż zawsze ..... do pracy o siódmej rano. | | |
| a. wychodził | b. wyszedł | c. wychodziłem |
| 96. Dokąd jedziecie na ..... ? | | |
| a. wakacjach | b. wakacje | c. wakacjami |
| 97. ..... się przyglądacie? | | |
| a. Co | b. Czym | c. Czemu |
| 98. Pogoda dzisiaj jest ..... niż wczoraj. | | |
| a. ładna | b. ładniejsza | c. ładniej |
| 99. ..... zaprosiłeś na imieniny? Kasię i Iwonkę? | | |
| a. Kto | b. Kogo | c. Kim |
| 100. A: Czy jest pani Beata?<br>B: Nie, nie ma ...... . | | |
| a. jej | b. niej | c. nią |

**Klucz do testu końcowego**

| | | | | |
|---|---|---|---|---|
| 1. a | 21. a | 41. c | 61. c | 81. a |
| 2. b | 22. c | 42. b | 62. a | 82. c |
| 3. a | 23. c | 43. a | 63. a | 83. b |
| 4. c | 24. b | 44. b | 64. c | 84. c |
| 5. b | 25. b | 45. a | 65. a | 85. b |
| 6. b | 26. a | 46. a | 66. a | 86. a |
| 7. b | 27. c | 47. c | 67. a | 87. b |
| 8. c | 28. b | 48. b | 68. c | 88. a |
| 9. c | 29. a | 49. a | 69. a | 89. a |
| 10. a | 30. a | 50. c | 70. b | 90. c |
| 11. a | 31. c | 51. c | 71. c | 91. c |
| 12. a | 32. b | 52. a | 72. a | 92. c |
| 13. c | 33. c | 53. b | 73. c | 93. b |
| 14. b | 34. a | 54. c | 74. b | 94. b |
| 15. a | 35. b | 55. c | 75. c | 95. a |
| 16. a | 36. b | 56. a | 76. a | 96. b |
| 17. b | 37. a | 57. b | 77. a | 97. c |
| 18. c | 38. c | 58. b | 78. a | 98. b |
| 19. a | 39. a | 59. b | 79. b | 99. b |
| 20. a | 40. c | 60. b | 80. c | 100. a |